denkMal – Standpunkte aus Theologie und Kirche

4. Band
Jan Bauke / Matthias Krieg (Hrsg.)
Die Kirche und ihre Ordnung

Jan Bauke / Matthias Krieg (Hrsg.)

Die Kirche und ihre Ordnung

Pano Verlag Zürich

Die Deutsche Bibliothek – Bibliographische Information

Die Deutsche Bibliothek verzeichnet diese Publikation in der Deutschen
Nationalbibliographie; detaillierte bibliographische Daten sind im Internet über
<http://dnb.ddb.de> abrufbar.

© 2003 by Pano Verlag, Zürich
Umschlaggestaltung: Edith Gloor (Zürich)
Druckvorlage: Susanne Weiss (Schwerzenbach)
Alle Rechte vorbehalten
ISBN 3-907576-52-7

Inhalt

Erinnerungen

Einleitung

Wer Kirche wahrnimmt, nimmt in aller Regel zunächst eine sichtbare Organisation wahr, die sich selbst eine ihrem Kontext entsprechende Ordnung gibt. Reglementierung der Kirche – den einen ein Greuel und ein Abfall vom eigentlichen Wesen der Kirche (Rudolph Sohm), für die anderen nun erst recht Anlass, aus der Kirche einen modernen Dienstleistungsbetrieb zu machen, der nach allen Regeln marktwirtschaftlicher Kunst und den Gesetzen des New Public Management zu stylen ist[1]. Die Ordnung der Kirche als Holzweg und theologische Nebensächlichkeit, mit der sich die Kirche dem jeweils herrschenden Zeitgeist verkauft, oder als Heilsweg und kybernetische Notwendigkeit, um der Kirche (neue) Attraktivität und Aktualität zu geben?

Beiden Optionen folgt das vorliegende Büchlein nicht. Es erkundet im Umfeld der Diskussionen um eine neue Kirchenordnung der Evangelisch-reformierten Landeskirche des Kantons Zürich Wege im vermeintlich ausgeschlossenen Dritten und votiert dafür, dass die Frage der Ordnung der Kirche keine theologisch belanglose ist. Welche Ordnung eine Kirche sich gibt, macht deutlich, wie sich die entsprechende Kirche theologisch versteht, wo sie sich theologisch ansiedelt, oder kurz: *wofür sie einsteht*. In diesem Sinne ist mit der Frage der Ordnung einer Kirche immer auch die Frage nach dem Bekenntnis einer Kirche verknüpft. Mit dieser Option setzt das vorliegende Büchlein die Diskussionen um Sinn und Zweck eines Bekenntnisses fort[2] und knüpft an die Neuentdeckung reformierter Pointen an[3].

Das Buch ist in vier Abschnitte unterteilt. Ein erster reflektiert die *Grundlagen* einer (neuen) Kirchenordnung: (1) warum braucht die Evangelisch-reformierte Landeskirche des Kantons Zürich überhaupt eine neue Kirchenordnung, (2) wie lässt sich die Situation, in der sie entsteht, aus

---

1 Vgl. Bernd Jochen Hilberath/Bernd Nitsche (Hgg.), Ist Kirche planbar? Organisationsentwicklung und Theologie in Interaktion, Mainz 2002.

2 Matthias Krieg/Hans Jürgen Luibl (Hgg.), In Freiheit Gesicht zeigen. Zur Wiederaufnahme des liturgischen Bekennens im reformierten Gottesdienst (denkMal 2), Zürich 1999; Matthias Krieg (Hg.), Bekennend oder verkannt? Kursmaterial zur Bekenntnisfrage (Bildung und Gesellschaft: Dossier 21), Zürich 2003.

3 Matthias Krieg/Gabrielle Zangger-Derron (Hgg.), Die Reformierten. Suchbilder einer Identität, Zürich 2002.

religionssoziologischer Perspektive charakterisieren, (3) welche Sprache ist für eine Kirchenordnung angemessen und (4) wie verhalten sich Bekenntnis und Kirchenordnung zueinander? Abschnitt zwei bietet die schriftliche Wiedergabe einer *Diskussion* zwischen Vertreterinnen und Vertretern von Kirchgemeinden, Gesamtkirchlichen Diensten, Kirchenrat und Universität über Stellenwert und Zweck einer (neuen) Kirchenordnung. Im dritten Abschnitt stehen *Elemente* zur Diskussion, die bei der Vernehmlassung über die neue Zürcher Kirchenordnung die grössten Reaktionen hervorgerufen haben: (1) was macht das theologische Wesen und Proprium einer evangelisch-reformierten Kirche aus, (2) gibt es ein reformiertes Amtsverständnis und (3) wie genau ist das Predigtamt zu verstehen? Den Abschluss des Büchleins bilden sechs *Erinnerungen*, die prägnante Stationen reformierten Denkens über die Kirche durchlaufen und mit Hilfe von Thesen und anschliessenden knappen Kommentaren herauszuheben suchen, was für die gegenwärtige theologische Arbeit an einer reformierten Kirchenordnung von Belang sein könnte.

Sämtliche Beiträge bieten keine fertigen Lösungen. Sie verstehen sich als «Werkstattberichte» auf dem Weg zu einer neuen Kirchenordnung und wollen zum Nachdenken über die theologischen Grundlagen der neuen Zürcher Kirchenordnung anregen. Sie setzen in diesem Sinne, aber nun ausschliesslich aus theologischer Perspektive, jene Prozesse fort, die mit «Pfarramt 2006» und der «Konsultation 2002» in den letzten Jahren begonnen haben. Dass der Kirchenrat der Zürcher Kirche beides forciert, gefördert und finanziert hat, ist ein deutliches Signal für das Profil der neuen Zürcher Kirchenordnung.

Aufmerksamen Lesern und Leserinnen wird nicht entgehen, dass im vorliegenden denkMal-Band nur eine Autorin zum Zuge kommt. Die Absagen anderer angefragter Autorinnen haben dazu geführt. Dennoch wäre das Büchlein ohne die tatkräftige Hilfe von Frauen nicht zustande gekommen: Susy Weiss, die für das Layout des Buches verantwortlich zeichnet, und Dr. Annette Schellenberg vom Pano-Verlag (jetzt TVZ), die die Entstehung dieses Büchleins mit viel Geduld und Fingerspitzengefühl begleitet hat. Beiden sei für ihr Engagement herzlich gedankt.

Zürich, Ostern 2003   Jan Bauke / Matthias Krieg

Grundlagen

Revision der Kirchenordnung – warum und wozu?

Ruedi Reich

I. Ausgangssituation

Die Zürcher Kirchengesetzgebung wird revidiert. Die Auseinandersetzung um die im Herbst 1995 vom Zürcher Volk deutlich verworfene «Privatisierungsinitiative» hat auch einer breiteren Öffentlichkeit zum Bewusstsein gebracht: Das Zürcher Staatskirchenrecht ist zu überarbeiten. An der bewährten Partnerschaft von Staat und Volkskirchen ist zwar festzuhalten, aber die Autonomie und Selbstverantwortung der Kirchen ist zu stärken. Der grundsätzlichen Gleichbehandlung von reformierter und katholischer Kirche (nur noch *ein* Kirchengesetz für die Evangelisch-reformierte Landeskirche, die Römisch-katholische Körperschaft und die Christkatholische Kirchgemeinde) steht vierzig Jahre nach der öffentlich-rechtlichen Anerkennung der Zürcher Katholiken nichts mehr im Wege. Zudem sollen die Staatsbeiträge (Kostenbeiträge für die sozialen und seelsorgerlichen Leistungen der Kirchen) und die Besteuerung der juristischen Personen (Zweckbindung) auf neue Grundlagen gestellt werden. Zwei Jahrzehnte alte und leider 1982 vom Volk verworfene Anliegen (Stimmrechtsautonomie der Kirchen und Möglichkeit der staatlichen Anerkennung weiterer Kirchen und anderer Religionsgemeinschaften) wurden wieder aufgegriffen.

II. Kirche und Recht

Im Zusammenhang mit diesem Revisionsprozess hat sich der Kirchenrat der Evangelisch-reformierten Landeskirche des Kantons Zürich im Rahmen einer breitangelegten Konsultation (Konsultation 2002) eine grundlegende Revision der geltenden Kirchenordnung zum Ziel gesetzt. Es lässt sich durchaus von einer *neuen Kirchenordnung* reden. Was ist Sinn und Ziel dieses Projektes? Soll eine Institution mehr restrukturiert und dem Zeitgeist entsprechend flexibilisiert werden? Soll dem Trend des New Public Managements entsprechend die «Kundenfreundlichkeit» der Zürcher Kirche erhöht werden? Soll die Evangelisch-reformierte Zürcher Kirche die Trends der Zeit aufnehmen – wie immer mit der notorischen kirchlichen

Verspätung? Um diese modernistischen Trends und Schlagwörter kann es nicht gehen. Dennoch ist es angezeigt, dass die Landeskirche die sozialen und kulturellen Veränderungen der Gesellschaft wahrnimmt und entsprechende Konsequenzen daraus zieht. So gilt es festzuhalten: Unsere Landeskirche ist eine kleiner werdende Kirche. Es gibt dafür primär demographische Gründe: Die nichtreformierte und die nichtchristliche Bevölkerung hat durch stete Zuwanderung in den Kanton Zürich viel stärker zugenommen als die reformierte; zudem ist sie durchschnittlich jünger als diese. Die minoritäre Situation wird sich schon aus diesem Grund in den nächsten Jahren deutlich verstärken.

Ein Zweites kommt hinzu: Die Kirchenaustritte nehmen zwar nicht mehr zu, haben sich aber auf relativ hohem Niveau (um 2'500 pro Jahr) stabilisiert. Bevölkerungsstruktur und Kirchenaustritte führen dazu, dass die Mitgliederzahl Jahr für Jahr um ca. 4'000 abnimmt und gegenwärtig ca. 505'000 beträgt (anfangs der 60er Jahre des letzten Jahrhunderts waren es rund 630'000). Die Landeskirche verliert dadurch jährlich fast 1% ihrer Mitglieder. Dies ist als Tatsache hinzunehmen, ohne Lamento und ohne Schuldzuweisungen, und kann auch durch eine neue Kirchenordnung kaum geändert werden. Trotzdem ist es wichtig, dass die Landeskirche in noch höherem Masse in der Öffentlichkeit präsent ist, auf ihre Mitglieder und auf die ganze Gesellschaft zugeht und ihre vielfältigen Dienste optimiert. Die grundsätzliche Besinnung über eine neue Kirchenordnung darf daher nicht zur Beschäftigung der Kirche mit sich selbst führen, sondern soll ihren diakonischen und prophetischen Auftrag in unserer Zeit und Welt verdeutlichen.

Als Volkskirche hat die Landeskirche einen demokratischen und territorialen Aufbau. Daran wird sich auch in Zukunft nichts ändern. Dennoch ist darüber nachzudenken, wie die Landeskirche flexibler auf Bewegungen innerhalb und ausserhalb der verfassten Kirche eingehen kann, wie «Kirche bei Gelegenheit», «Kirche auf Zeit» besser gelebt werden können. Rechte und Pflichten solcher Bewegungen sind neu zu bedenken. Die demokratischen Rechte (Stimm- und Wahlrecht) sind an die territoriale Struktur gebunden. Das hindert die Landeskirche aber nicht, auf weniger statische Formen des Kircheseins einzugehen, die Initiative kirchlicher Präsenz an gesellschaftlichen Brennpunkten zu intensivieren und das Engagement initiativer Kirchenmitglieder mitzutragen und zu fördern.

Vor etwas allerdings ist zu warnen: vor einem «Struktur-Fundamentalismus». Strukturen sind Hilfskonstruktionen, um lebendiges Christsein innerhalb der Institution Kirche zu ordnen. Strukturen sollen Leben und Initiative in der Kirche nicht hindern, sondern entsprechende Freiräume schaffen. Es sind aber nie die Strukturen, die Leben schaffen. «Der Buchstabe tötet, der Geist macht lebendig» (2. Kor 3,6). Daran ist besonders zu denken, wenn es um die Kirchenordnung einer evangelischen Kirche geht.

Recht hat hier immer dienenden Charakter, hat ordnenden Charakter, darf nie zum Selbstzweck werden, darf nicht als Ius Divinum, als göttliches Recht, menschlichen Ordnungen entgegengesetzt werden. Dennoch muss auch in einer evangelischen Kirche Recht gesetzt werden, das Recht, das dem Evangelium dient. Wo es kein Recht gibt – es sei in der Kirche oder in der «Welt» – da herrscht das Recht des Stärkeren, in der Kirche vielleicht das Recht des rhetorisch, intellektuell oder institutionell Stärkeren. Hier braucht es das ordnende und schützende Eingreifen des Rechtes.

Evangelische Kirche kann unter verschiedenen rechtlichen Prämissen leben und sich entfalten. Das zeigt die Vielfalt des weltweiten reformierten Protestantismus. Dennoch ist immer wieder zu prüfen, ob kirchliches Recht nicht dem Evangelium widerspricht, ob es den kirchlichen Auftrag, das Evangelium von Jesus Christus in Wort und Tat zu verkünden, nicht eher hindert als fördert.

Gott ist nicht ein Gott der Ordnung, aber er ist auch nicht ein Gott der Unordnung, sondern des Friedens, wie Paulus sagt (1. Kor 14,33). So hat kirchliches Recht dem «Frieden» zu dienen: Zur partnerschaftlichen Entfaltung des christlichen Lebens und Zeugnisses soll kirchliches Recht anleiten und ermutigen.

Diese relative Bedeutung des Kirchenrechtes im evangelischen Raum, sein situativer und antwortender Charakter darf aber nicht dazu führen, dass die Kirche des Rechtes und die Kirche des Evangeliums einander entgegengestellt werden. Recht gehört zwar nicht zum Wesensmerkmal der Kirche, nicht zu ihrem Esse, wohl aber zu ihrem Bene Esse, zu den Entfaltungsmöglichkeiten von Kirche je in ihrer Zeit und an ihrem Ort.

Eine evangelische Kirchenordnung hat darum immer auch Bekenntnis-Charakter. Dies bezieht sich nicht nur auf die Grundsatzartikel, die Bekenntnisartikel, und den Verweis auf die weltweit gültigen Bekenntnisse der Kirche, der altchristlichen und der reformatorischen. Der Umgang mit kirchlichem Recht, die Anwendung auf Personen- und Sachfragen, dem allem kommt Bekenntnis-Charakter zu. Weil die evangelische Kirche davon ausgeht, dass Gott in Jesus Christus die Menschen ernst nimmt, mit ihnen «partnerschaftlich» in Beziehung tritt, darum hat jede evangelische Kirchenordnung den partizipativen, den demokratischen und den ermöglichenden Bereich kirchlichen Rechtes zu betonen.

Demokratie und Partizipation begründen aber Kirche nicht. Hinter die Aussage, dass die Landeskirche *allein* dem Evangelium von Jesus Christus verpflichtet ist (Kirchenordnung 1967, Art. 4) kann niemand zurück. Diese Grundlage kann auch «demokratisch» nicht in Frage gestellt werden, weil die Landeskirche damit ihr Kirchesein negieren würde. So sehr wir in der reformierten Tradition demokratische und partizipative Elemente betonen, der Herr der Kirche wird nicht auf Amtsdauer gewählt, das Evangelium ist uns vorgegeben und kann weder demokratisch noch individualistisch verändert werden. Demokratie ist in reformierter Tradition nicht Ideologie, sondern hat dienenden Charakter, entspricht der partizipativ-dialogischen Struktur des Evangeliums. Die Stimme des Volkes ist auch in einer Volkskirche nicht Gottes Stimme. Die vox populi darf nicht zur vox Dei verklärt werden. Auch eine demokratische Kirchenordnung, die einem staatlich-demokratischen Kirchengesetz Rechnung trägt, hat auf das hinzuweisen, was für die Kirche unabdingbar ist: das Evangelium von Jesus Christus, die Freiheit der Verkündigung, Menschenrecht und Menschenwürde, die Gleichwertigkeit und Gleichberechtigung von Mann und Frau, die volle Gleichberechtigung von Menschen ausländischer Herkunft auch in einer öffentlich-rechtlich anerkannten Kirche. Und sollte hier staatliches Recht weiterhin Einschränkungen machen, so hat gerade eine reformierte Kirchenordnung darauf hinzuweisen, dass solches dem Evangelium widerspricht und darum zu ändern ist.

Damit sind vielfältige innere und äussere Gründe angesprochen, welche eine Totalrevision der Kirchenordnung unserer Landeskirche erfordern. Dennoch: Die reformierte Zürcher Kirche wird nicht neu erfunden. Veränderungen können und sollen auf dem Hintergrund des auch hier aufgezeigten Bleibenden vorgenommen werden. Zudem: Alltägliches kirchliches Leben wird sich auch durch eine neue Kirchenordnung nur unmerklich verändern; ein grosser Teil unserer Mitglieder wird Änderungen vielleicht kaum oder gar nicht zur Kenntnis nehmen oder spüren. Dennoch gilt es nicht kleinmütig oder gar kleinlich an die Revisionsarbeit heranzugehen. Gerade eine kleiner werdende Kirche darf nicht kleinlich werden, eine oft auch umstrittene Kirche, die ihre einstige «Selbstverständlichkeit» verloren hat, darf sich nicht mit sich selbst beschäftigen, wenn eine neue Kirchenordnung erarbeitet wird, sondern muss ihre dienende Ausrichtung auch in einem neuen rechtlichen Kleid noch besser umsetzen können.

III. Äusserer Anlass zur Revision

Der gesellschaftliche Wandel des letzten Jahrzehntes des vergangenen Jahrtausends hat Auswirkungen auf die Kirche. Die spätmoderne Gesellschaft ist multikulturell und individualistisch geprägt. Religiosität lebt aufgrund dieser Situation auch ausserhalb der Institutionen. «Religion ja, Kirche nein» ist eine Formel, die dies freilich überspitzt auf einen Nenner bringt. Auf diesem Hintergrund ist auch die Volksinitiative «Trennung von Staat und Kirche» im Kanton Zürich zu sehen, die 1995 mit einer 2/3-Mehrheit der Stimmenden abgelehnt wurde. Einerseits ist sie Ausdruck des seit der Aufklärung immer wieder geäusserten Grundsatzes «Religion ist Privatsache». Andererseits ging es den Initianten um eine Schwächung

der christlich-institutionellen Präsenz in der Gesellschaft und um eine
«Strafaktion» gegen eine angeblich politisch zu stark engagierte Kirche.

Vor diesem Hintergrund war es für kirchliche und staatliche Verantwortliche klar: Mit der Ablehnung der Privatisierungsinitiative war die
Aufgabe nicht erfüllt. Anstehende Probleme sollten angegangen und Verhältnisse geschaffen werden, die einem guten partnerschaftlichem Verhältnis von Staat und Kirchen im 21. Jahrhundert entsprechen könnten. Es
ging dabei vor allem um folgende Postulate: Gleichstellung der Evangelisch-reformierten Landeskirche und der Römisch-katholischen Körperschaft im Hinblick auf die Staatsbeiträge, keine direkten Staatsbeiträge
mehr an die Besoldung der evangelisch-reformierten Pfarrschaft, Erteilung
der Stimmrechtsautonomie an die Kirchen, Gewährung von Staatsbeiträ-
gen auf dem Hintergrund der kulturellen und sozialen Leistungen der grossen Kirchen, Zweckbestimmung der Kirchensteuern juristischer Personen
für nicht-kultische Zwecke (primär kulturelle, denkmalpflegerische und soziale Aufgaben der Kirche). Damit sollte einerseits dem Umstand Rechnung getragen werden. dass nur noch 3/4 der Kantonsbevölkerung den
anerkannten christlichen Kirchen zugehörig sind. Andererseits sollte den
Kirchen mehr Autonomie gewährt werden. Der Entwurf des neuen Kirchengesetzes ist darum auf weite Strecken nur noch ein «Organisationsge-
setz». Das zeigt sich schon darin, dass nur noch *ein* Gesetz für die drei
staatlich anerkannten Kirchen vorgesehen ist.

Die reformierte Landeskirche hat darum in ihrer Kirchenordnung neu
sehr vieles zu ordnen, was bisher im staatlichen Kirchengesetz geregelt
war. Dies betrifft insbesondere ihre territoriale Struktur (die Einteilung des
Kantons in evangelisch-reformierte Kirchgemeinden wird neu abschliessend von der Kirchensynode beschlossen), die Einteilung in Bezirke oder
Regionen, neue Grundlagen für den Finanzhaushalt, neue Kriterien für die
Zuweisung von Pfarrstellen und eventuell auch weiteren personellen Ressourcen an die Kirchgemeinden. Dadurch wird in der synodal-presbyteria-
len Ordnung der Zürcher Kirche das synodale Element gestärkt.

Seit der Reformation hat die Zürcher Kirche zwar den gesamtkirchlichen, den landeskirchlichen Aspekt betont: Antistes, Examinatoren und
Geistlichkeitssynode waren für innerkirchliche Belange zuständig, der Zürcher Rat nahm sich der sogenannten «äusseren» Frage der Kirche an, insbesondere auch dem Finanzhaushalt. Das 19. Jahrhundert betonte unter
liberalem Einfluss die Gemeindeautonomie, den presbyterialen Charakter
der Landeskirche, ohne aber kongregationalistischen Tendenzen Tür und
Tor zu öffnen. Die Kirche Jesu Christi kann und darf nicht auf die Ortsgemeinde reduziert werden, so wichtig die volkskirchlich verfassten Kirchgemeinden sind und bleiben. Die verschiedenen Ebenen unseres reformierten Kircheseins sind darum neu anzusprechen und zu definieren: Die
Ortsgemeinde mit ihrem spirituellen Leben und ihrer diakonischen Ver-

antwortung, die kantonale Ebene, die die Kirchgemeinden zu unterstützen und untereinander zu verbinden hat und in übergemeindlicher Art kirchliche Präsenz zu ermöglichen hat, die schweizerische Ebene (Schweizerischer Evangelischer Kirchenbund), die internationale Ebene (Reformierter Weltbund, Ökumenischer Rat, weltweite christliche Ökumene, interreligiöser Dialog). Die verschiedenen Ebenen sind nicht als Hierarchien zu strukturieren, ihnen ist aber je ihr spezifischer Auftrag, verbunden mit entsprechenden Kompetenzen und Ressourcen, zuzuweisen. Festzuhalten ist in einer neuen Kirchenordnung vor allem auch, dass all diese Ebenen immer mit dem konkreten evangelischen Zeugnis in Verkündigung und Diakonie zu tun haben. Die weltweite diakonische (Hilfswerke) und missionarische Verantwortung ist von all diesen Ebenen wahrzunehmen. Dies stärker ins Bewusstsein zu bringen, ist ein weiterer wichtiger Auftrag einer neuen Kirchenordnung. Aufgaben und Kompetenzen der ehrenamtlichen, professionellen und auch freiwilligen Mitarbeiterinnen und Mitarbeiter der Landeskirche sind so festzuhalten, dass eine gedeihliche Zusammenarbeit ermöglicht wird, dass aber auch durch Zuweisung klarer Kompetenzen Konflikte nicht nur angesprochen und begleitet, sondern auch abschliessend gelöst werden können.

Damit sind vielfältige grundsätzliche Fragen angesprochen, die im Hinblick auf eine neue Kirchenordnung nicht einfach «von oben» gelöst werden können. Der Kirchenrat hat darum im Hinblick auf die Erarbeitung der Kirchenordnung im Jahre 2000 Konferenzen durchgeführt, an denen über tausend Verantwortliche aus Kirchgemeinden und Bezirken teilgenommen haben. Die Konsultation 2002 hat nochmals intensiv weit über zweitausend professionell und ehrenamtlich Verantwortliche der Landeskirche einbezogen. In den entsprechenden Arbeitsgruppen werden nun Entwürfe erarbeitet, die wiederum in eine breite Vernehmlassung gegeben werden. Dann wird der Kirchenrat das Revisionspaket der Kirchensynode übergeben, die abschliessend zu Handen der Stimmberechtigten der Evangelisch-reformierten Landeskirche des Kantons Zürich entscheiden wird.

IV. Die Bedeutung des staatlichen Kirchenrechtes

Die Erarbeitung eines neuen Kirchengesetzes ist einerseits Anlass zur Revision der Kirchenordnung, der «Verfassung» der Evangelisch-reformierten Landeskirche des Kantons Zürich. Andererseits enthält diese neue Gesetzgebung Anliegen, die die reformierte und die katholische Kirche im Kanton Zürich immer wieder betont haben (Stimmrechtsautonomie, staatliche Anerkennung weiterer Religionsgemeinschaften). So ist nicht einfach ein neues staatliches Gesetz Ursache für die Revision der Kirchenordnung.

Die Postulate der Kirchen haben mit zu einer Neufassung der Kirchengesetzgebung geführt. Dieser «dialogische» Charakter von staatlichem Kirchenrecht und Kirchenordnung bestimmt die Landeskirche seit zweihundert Jahren.

Bis zum Ende des 18. Jahrhunderts konnte man von einer Identität von Staat und Kirche, von kirchlichem und staatlichem Gebiet, ausgehen, ohne dass allerdings die Zürcher Kirche als «Staatskirche» völlig in den Staat eingeordnet beziehungsweise diesem untergeordnet gewesen wäre. Das 19. und 20. Jahrhundert haben diesen dialogischen Charakter der Zürcher Gesetzgebung innerkirchlich und staatlich betont. 1803, 1831, 1869: je neue Staatsverfassungen sprechen auch das Verhältnis von Kirche und Staat an. 1895 wird durch ein staatliches Gesetz die gemischte Kirchensynode geschaffen und das Antistesamt abgeschafft. 1902 schliesst ein neues Kirchengesetz die Pfarrer vom Präsidium der Kirchenpflege aus. 1963 wird das unter prominenter Mitwirkung von Verantwortlichen der Landeskirche erarbeitete neue reformierte Kirchengesetz von den Stimmberechtigten des Kantons angenommen; ähnlich liegen die Verhältnisse in Bezug auf das ebenfalls 1963 in kraft gesetzte Gesetz über die Römisch-katholische Körperschaft des Kantons Zürich.

Allerdings, so einvernehmlich wie Mitte des 20. Jahrhunderts waren die Beziehungen zwischen Staat und Kirche nicht immer. Im 19. Jahrhundert haben Liberalismus und Kulturkampf die reformierte und die katholische Kirche in der Schweiz stark geprägt. Der Kulturkampf wurde im Wesentlichen mit der katholischen Kirche geführt, und hat in dieser zu einem Rückzug in die katholische «Sondergesellschaft» geführt, aus der die Kirche insgesamt institutionell gestärkt hervorging. Die katholische Kirche hat sich als Alternative zum liberalen Staat verstanden, nach heutiger Auffassung zu stark von diesem abgegrenzt und sich erst nach dem Zweiten Weltkrieg und durch das Zweite Vatikanische Konzil zur modernen Welt hin geöffnet. In Bezug auf die reformierte Kirche waren die Verhältnisse anders: Der Kulturkampf hat in den Kirchen selbst stattgefunden. Staatliche Übergriffe geschahen durch die politischen Behörden. So wurde insbesondere auch die «Bekenntnisfreiheit» nicht nur kirchlich gesucht, sondern auch staatlich verordnet. Die Verfassung von 1869 hielt darum ausdrücklich fest, die Verhältnisse in der Evangelisch-reformierten Landeskirche sollten «mit Ausschluss jeden Gewissenszwanges» geregelt werden. Allerdings hatte die Geistlichkeitssynode bereits 1868 die liturgische Verbindlichkeit des Apostolikums abgeschafft und so de facto «Bekenntnisfreiheit» eingeführt. Die Verzahnung von staatlichem und kirchlichem Liberalismus zeigt sich hier besonders deutlich. Seit Mitte des 19. Jahrhunderts ist die Zürcher Landeskirche darum wie die andern reformierten Schweizer Kirchen bekenntnisfreie, bekenntnisoffene Volkskirche. Weltweit ist dies ein Sonderfall. Dies änderte auch die Kirchenordnung von

1967 nicht. Sie hält aber den Bezug zum Evangelium und zur Reformation (wie auch §1 des staatlichen Kirchengesetzes) unter der Marginalie «Bekenntnis» deutlich fest. Im übrigen bemüht sich die Kirchenordnung, das Bekennen als umfassende Verpflichtung des Christseins und der Kirche vom Bekenntnis durch Worte zu unterscheiden.

Von direktem oder indirektem Einfluss auf den «geistlichen Bereich» der Kirchen kann im Entwurf des neuen Kirchengesetzes nicht mehr die Rede sein. Den Kirchen wird durch Verfassung und Gesetz ausdrücklich Autonomie zugesprochen, allerdings unter Beachtung demokratisch-rechtsstaatlicher Grundsätze. Die Landeskirche kann demnach nicht nur Fragen der Lehre und der Verkündigung, wie bis jetzt, autonom regeln, sondern auch Fragen der Organisation und der Finanzierung. Dieser «Autonomiezuwachs» ist zu bejahen. Allerdings stellt sich nach wie vor die Frage: Was geschieht, wenn das neue Kirchengesetz nicht oder stark verändert in Kraft gesetzt wird? Dazu ist festzuhalten: Die Kirchengesetzgebung ist nicht die einzige Ursache des Nachdenkens über eine neue Kirchenordnung. Sollte das neue Kirchengesetz politisch scheitern, so hätte die Arbeit an einer neuen Kirchenordnung dennoch ihren Sinn und wäre allenfalls mit einer weniger tiefgreifenden Revision des bestehenden Kirchengesetzes für die Evangelisch-reformierte Landeskirche zu kombinieren. Sollten nicht alle Postulate der Landeskirche im neuen Kirchengesetz erfüllt sein, so hätte die neue Kirchenordnung ausdrücklich auf diesen Mangel hinzuweisen. Dies gilt, wie bereits festgehalten, insbesondere bei der Stimmrechtsautonomie, deren Verweigerung für die Landeskirche ein Verstoss gegen das vom Evangelium postulierte Menschenbild wäre.

V. Evangelisch-reformierte Landeskirche

Damit ist programmatisch angetönt, in welcher Weise Bleibendes und zu Veränderndes so oder so aufeinander bezogen werden sollen.

1. Landeskirche

Die evangelisch-reformierte Kirche will Landeskirche bleiben. Dies ist nicht der Anspruch, die Mehrheit der Bevölkerung zu vertreten, wie das in früheren Zeiten der Fall war. «Landeskirche» weist auf den volkskirchlichen Charakter der zürcherischen reformierten Kirche hin. Sie ist «église multitudiniste», Kirche, der man angehören kann dadurch, dass man sich selbst als reformiert versteht beziehungsweise deklariert, Kirche, die beim Eintritt keine Bekenntnisverpflichtung verlangt, obwohl sie als Institution durchaus auf einer Ordnung beruht, die Bekenntnis-Charakter hat. Die volkskirchliche Existenz erlaubt es, dass die Menschen selber ihre Distanz und Nähe zur Kirche im Laufe ihres Lebens bestimmen, selber auch den Grad der Beteiligung und des Mittragens bestimmen. Volkskirchliche Tradition grenzt sich nicht abwertend von den Freikirchen ab. Die Freikirchen haben ihre Bedeutung im Hinblick auf die bewusste Glaubensentscheidung. Volkskirchliche Existenz betont die breite Präsenz christlichen und evangelischen Gedankengutes in der Gesellschaft. Volkskirche betont darum den «missionarischen Aspekt» inner- und ausserhalb der Kirche. Es geht darum, Menschen mit dem Evangelium von Jesus Christus bekannt zu machen, sie auch zur Mitgliedschaft einzuladen, sie aber nie dazu zu drängen. In dieser Weise ist, wie die bestehende Kirchenordnung bereits betont, «die Landeskirche als Volkskirche offen gegenüber dem ganzen Volk».

2. Reformierte Kirche

Reformierte Kirche betont die Gemeindeebene, betont die direkte Beteiligung der Glieder der Kirche an den Entscheidungen und am Auftrag der Kirche. Sie organisiert sich darum auf allen Ebenen demokratisch. Sie ist aber nicht demokratisch um der Demokratie willen, sondern bleibt in demokratischen Entscheiden ihrer reformierten Tradition treu. Reformierte Kirche hat darum auch ihren spezifischen historischen Ort: die Reformation, wie sie durch Huldrych Zwingli und Heinrich Bullinger in Zürich und Johannes Calvin in Genf begonnen und in späteren Jahrzehnten und Jahrhunderten weltweit ausgebreitet wurde. Reformierte Kirche hat darum nicht nur einen historischen, sondern immer auch einen weltweiten Bezug: weltweit im Sinne der Kirchengemeinschaft mit allen reformierten Kirchen und weltweit im Sinne des diakonischen und prophetischen Auftrages, der sowohl lokal wie global wahrgenommen werden muss. Reformierte Kirchen wurden aber nicht in der Reformation «gegründet», sondern als Teil der *einen* Kirche Jesu Christi reformiert, erneuert. Als reformierte Kirche versteht sich die Zürcher Kirche als Teil der einen weltweiten Kirche Jesu Christi, wie sie durch zwei Jahrtausende hindurch gelebt wurde. Reformierte Kirche weiss darum auch um die Bedeutung einer zweitausendjährigen kirchlichen Tradition (einschliesslich der tiefen Schatten der Kirchengeschichte). Auch eine reformierte Kirche weiss sich mit der altchristlichen, der «katholischen» und der «orthodoxen» Tradition verbunden.

3. Evangelische Kirche

Auch im neuen rechtlichen oder organisatorischen Gewand ist unsere Kirche evangelische Kirche, bezieht sie sich allein auf das Evangelium von Jesus Christus. Sie bezieht sich dabei auf das ganze biblische Zeugnis des Alten und Neuen Testamentes, erkennt aber im Evangelium von Jesus

Christus die kritische und befreiende Mitte der Schrift. Als evangelische Kirche hält sie Gemeinschaft mit allen aus der Reformation hervorgegangenen, versteht aber auch die katholische und orthodoxe Kirche als ihre Partner, als ihre Schwestern und Brüder, mit denen sie sich im Tiefsten in voller kirchlicher Gemeinschaft verbunden weiss. Evangelische Kirche ist darum apostolische Kirche. Sie versteht «apostolische Sukzession» nicht als äussere Handlung, sondern als Verpflichtung, Lehre und Leben am Zeugnis der Apostel, am Wort der Heiligen Schrift immer neu zu prüfen und auszurichten. Damit ist die christologische Mitte angesprochen: Lehre, Leben, Zeugnis, Seelsorge, Diakonie, Umgang mit Geld und Gut – alles ist am Evangelium von Jesus Christus immer neu zu messen und danach auszurichten.

In dieser Weise ist es uns aufgetragen, auch im weiten Rahmen eines neuen Kirchengesetzes und in eigener autonomer Festlegung der Kirchenordnung Evangelisch-reformierte Landeskirche zu sein und es immer neu zu werden.

Kann die Kirche ihren Geltungsanspruch als Institution angesichts der Umgestaltung des Religiösen in der Spätmoderne einlösen?

Roland J. Campiche

I. Individualisierung und Privatisierung

Mitte der Sechzigerjahre des 20. Jahrhunderts galt die Religion als morscher Ast der Moderne, die Kirchen wiederum wurden als überholte Institutionen wahrgenommen. Kaum jemand sah, dass sich hinter der Fassade eine religiöse Revolution vollzog. Dank Beobachtung der religiösen Einstellungen und Praktiken kam es im Laufe der Jahrzehnte zu einer Art Rehabilitierung der Religion. Beispielsweise wurde entdeckt, dass unsere Zeitgenossinnen und Zeitgenossen zwar selten zur Kirche gehen, aber viel glauben. Ihre Glaubensaussagen wurden untersucht, und deren komplexe Verschränkungen liessen die Vermutung aufkommen, hier sei Bastelei am Werk. Bald danach wurde die Autonomie des gläubigen Subjekts gefeiert, das sich die eigene religiöse Identität selbst aufbaut. Diese Vorstellung harmonierte perfekt mit dem Kult des Individuums – einem Ableger der kulturellen Revolution der Sechzigerjahre. Der Kult bemächtigte sich nicht bloss der Religion, sondern auch der Erziehung. Nicht wenige Eltern verbaten es sich strikt, ihren Kindern Werte zu vermitteln, um sie bei der freien Wahl des eigenen Lebensentwurfs ja nicht einzuengen. Als wären allein die Worte Träger von Werten! Das Kind mutierte zum König. Heute zweifeln Psychoanalytiker die Richtigkeit dieses Standpunkts an (vgl. Olivier, 2002) – doch das steht auf einem anderen Blatt.

Dass dieses individualisierte Religionsverständnis an Boden gewinnen konnte, hat mit einem zweifachen kulturellen Wandel zu tun. Zum einen mit dem Gebrauch des Wortes Spiritualität. Immer häufiger wird von Spiritualität gesprochen, auch wenn eigentlich von Religion ..., von der eigenen Religion die Rede ist. Der Rückgriff auf den Begriff Spiritualität kann nicht einfach als Modeerscheinung abgetan werden. Vielmehr signalisiert er in vielen Fällen die Abkehr von einer dogmatischen Religion und die Hinwendung zu einem persönlichen Weg. Die heutigen Formen des Pilgerns machen überzeugend deutlich, dass nicht das Ziel, sondern der Weg entscheidend ist. Eine ganze Generation wollte sich aus dem institutionellen Panzer befreien, wollte kein «prêt-à-croire», keinen vorkonfektionierten Glauben mehr. Für sie war die Spiritualität jene Alternative, die ein vitales Bedürfnis befriedigen konnte. Wie jede Generation zuvor, nicht weniger und nicht mehr, musste sich auch die Generation der Achtundsechziger mit der Sinnfrage und, existenzieller nach dem Auftreten von Aids, mit der Frage von Leiden und Sterben auseinandersetzen. In einer Gesellschaft mit einem pluralisierten religiösen Angebot schlug sie mit ihrer Sinnsuche bisher kaum begangene Wege ein.

Der kulturelle Wandel hat zum anderen damit zu tun, dass sich im vergangenen Jahrzehnt die Vorstellung, Religion sei eine «Privatsache», immer stärker durchsetzen konnte. Auffallend häufig vertrat Bundesrat Moritz Leuenberger während seines Präsidialjahres diesen Standpunkt in seinen Reden. Die Anerkennung der Gewissens- und Religionsfreiheit ist eine der grossen Errungenschaften der Moderne. Doch wir haben es hier mit einem Rechtsbegriff zu tun. Er besagt keineswegs, meine innersten Glaubensüberzeugungen seien mein ganz persönliches Produkt und hätten keinerlei Auswirkungen auf mein Leben und das Leben der Gesellschaft. Meine «Spiritualität» entfaltet sich nicht in einem sozialen Vakuum. Mit anderen Worten, sie hängt eng mit meiner Lebenserfahrung und mit dem zusammen, was mir überliefert wurde. Neueste Forschungen in diesem Bereich bestätigen, dass wir, allen Unkenrufen zum Trotz, nicht eine Gesellschaft ohne Erinnerung und folglich ohne Überlieferung inauguriert haben. Die Pluralität ihrer Modalitäten hat allerdings im Vergleich zu den Vierziger- bis Sechzigerjahren des 20. Jahrhunderts zugenommen. Die Familie heute beispielsweise realisiert sich in unterschiedlichen Typen (vgl. Kellerhals u. a., 2002).

Wenn aber Individualisierung der Religion nicht Autonomie des gläubigen Subjekts bedeutet, was ist sie dann? Sie spiegelt die Lage des Individuums in einer fragmentierten Welt. Von einer Lebenssphäre in eine andere einzutauchen, setzt Wendigkeit und Lebenskompetenz voraus, gerade auch, weil die verschiedenen Sphären nicht unbedingt denselben Normen unterliegen. Heute müssen wir schmerzlich zur Kenntnis nehmen, dass die Regeln des Hyperliberalismus und die Regeln des Zusammenlebens in Freiheit und Gleichheit kaum kompatibel sind. Nicht allen ist dieselbe Lebenskompetenz eigen. Wir sind in hohem Mass davon abhängig, welches soziale und kulturelle Kapital wir *erworben* haben. Der Aufbau unserer religiösen Identität ist weder ein einsames noch ein privates Werk. Er verläuft unterschiedlich, in Abhängigkeit von anderen Ansprüchen, und er ist zudem mannigfaltigen Einflüssen ausgesetzt: Schule, Medien, Familie ... Erforderlich ist Überzeugung und nicht Druck von aussen, denn unsere Einstellung gegenüber Macht, Disziplin und Zwang hat sich gewandelt. Nicht aber unsere Einstellung gegenüber Autorität.

Die Kirchenordnung muss dieser neuen Konstellation Rechnung tragen.
Sie soll einen flexiblen Rahmen mit Raum für gewisse Anpassungen bilden. Insbesondere soll sie

1. auf der *Ebene der Organisation und der religiösen Bildung* ein Weiterbil-
   dungskonzept zur Vernetzung der verschiedenen Orte entwickeln: Familie (Vorschulalter), Schule (obligatorische Schulzeit und Mittelschule),
   Gemeinde (Sonntagsschule, Religionsunterricht für Lernende und Er-
   wachsene), Akademien mit theologischem Bildungsangebot, öffentliche
   Vorlesungen an Universitäten, Religionsformate an Radio und Fernse-
   hen, Erwachsenenbildung (Clubschule, Volkshochschule, Seniorenuni-
   versität), Öffentlichkeit (theologische Cafés …).
2. auf der *Ebene des Bildungsinhalts* drei Anforderungen beachten: einen
   roten Faden anbieten, anhand dessen das von Medien und zeitgenössi-
   scher Kultur (Songs, Theater, Film, Literatur …) verbreitete, zerstreute
   religiöse Wissen verknüpft und ein religiöses System rekonstruiert werden kann; jede und jeden Einzelne/n in der persönlichen Wahrheitssu-
   che begleiten und nicht einfach eine Wahrheit aufdrängen; aufzeigen,
   dass Religion Verpflichtung bedeutet und nicht einfach spirituelles Al-
   lotria ist (weg vom «Ich, ich …» hin zum «Wir …»).
3. auf der *Ebene der Sprache* nach einer performanten Symbolsprache suchen (vgl. dazu Campiche, 2001, 37–38 und 84–85).

Heute dominiert die Vorstellung, Religion sei Privatsache und folglich die
Angelegenheit des Individuums allein. Diese Vorstellung entbehrt indes,
wie wir gesehen haben, des soziologischen Fundaments. Wer beispielsweise die Einstellungen der Schweizer und Schweizerinnen einer eingehenden
Analyse unterzieht, wird rasch gewahr, dass ihre Vorstellung von Religion
und Kirchen um vieles komplexer ist. Für die grosse Mehrheit ist Religion
eine Ressource in Krisenzeiten. Anders gesagt, bei Krankheit oder Schick-
salsschlägen sucht das Individuum Rückhalt im persönlichen Gebet und
verlagert so die Religion ins Intime, Persönliche und Individuelle. Das
gleiche Individuum aber plädiert angesichts von Umweltgefährdung, von
harten sozialen, politischen und wirtschaftlichen Realitäten dafür, dass die
Kirchen sich einmischen. Religion und religiöse Organisationen werden
auch als Ressource aufgefasst, um den vom übersteigerten Liberalismus
produzierten sozialen Verwerfungen entgegenzuwirken. Der Status dieser
Organisationen soll nun näher unter die Lupe genommen werden.

II. De-Institutionalisierung, Pluralisierung und Regulierung der Religion

Das Monopol der Kirchen im religiösen Feld existiert nicht mehr. Weder kontrollieren die Kirchen, was ihre Mitglieder glauben, noch, wie sie sich engagieren. Das würde im übrigen den Erwartungen der Glaubenden auch gar nicht entsprechen. Aus diesem Befund entwickelte sich die Vorstellung eines De-Institutionalisierungsprozesses, gekennzeichnet durch Machtverlust und Marginalisierung der katholischen Kirche wie der evangelischen Kirchen. Der religiöse Pluralismus – eine Folge der weltweiten Migrationsbewegungen der Gegenwart und der kulturellen Globalisierung – färbte die religiöse Landschaft neu ein, machte aus der bisher zweifarbigen eine bunte Landschaft. An die Stelle der geschützten Domäne, des abgesteckten Feldes trat der Markt. Gestützt wird er durch die unseren Lebensstil beherrschenden Konsumgewohnheiten. In der Schweiz allerdings, wo sich die Bevölkerung grossmehrheitlich zum Christentum bekennt, hält sich die Vielfalt religiöser Zugehörigkeiten in Grenzen. Dass die Zahl der Konfessionslosen zunimmt, darf wiederum nicht mit wachsender Irreligiosität gleichgesetzt werden. Keiner religiösen Organisation anzugehören, heisst nicht unbedingt, nicht zu glauben. Die erklärten Atheisten stellen eine verschwindende Minderheit dar. Bedeutsamer ist die Vielfalt der religiösen Einstellungen. So gibt es etwa verschiedene Arten, sich als Christin, als Katholik oder Protestantin zu verstehen. Der tolerante Umgang mit diesen verschiedenen Optionen stellt heute für die traditionellen Kirchen vermutlich die grösste Herausforderung dar. «Die Schrauben anziehen», wie das beispielsweise Papst Johannes Paul II. möchte, hiesse für die christlichen Kirchen, sich der Gefahr der Aufsplitterung in Sekten aussetzen. Mit dem schwammigen Modell der Volkskirche weiterzufahren, käme dem Risiko gleich, schliesslich eine ähnliche Rolle zu spielen wie die Anglikanische Kirche in Grossbritannien!

Dass die Kirchen die Definitionsmacht über das religiöse Feld verloren haben, heisst nicht, es sei völlig dereguliert. Mehrere Instanzen streiten sich heute darum, die dort wirkenden Kräfte zu kanalisieren. Da ist einmal der Staat, dessen Rolle viel gewichtiger ist, als sämtliche Aussagen über dessen Laizität oder alle Diskussionen über die Notwendigkeit der Trennung von Kirche und Staat vermuten liessen (vgl. Campiche, 2003). Da sind weiter die Medien, die in unserer Gesellschaft einflussreiche Interpreten von Religion sind. Da ist schliesslich die Familie, deren Rolle als Vermittlerin von Traditionen bekanntlich unverzichtbar ist. Diese Neuverteilung religiöser Macht soll sich in der Kirchenordnung widerspiegeln.

Doch in welcher Weise? Eine heikle Frage. Sie zu beantworten setzt zwingend voraus, dass die Einstellungen und Erwartungen der Bevölkerung gegenüber den Kirchen präzis analysiert werden. Einstellungen und Erwartungen sind ambivalent. Auf der einen Seite beargwöhnt man die allzu grosse Nähe der Kirchen zur politischen Macht, erhebt sie aber gleichzeitig zu Hüterinnen einer bestimmten sozialen Ordnung. Auf der anderen Seite gesteht man dem Staat zu, dass er sich auf religiöse Werte bezieht, zögert aber, sobald er religiösen Organisationen Privilegien erteilen oder diese zu eigenen Zwecken instrumentalisieren will. Hinter dieser Ambivalenz verbirgt sich ein einigermassen utopisches Bild von Religion und religiösen Organisationen: das Bild eines Wertesystems, getragen von einer Nichtregierungsorganisation, die sich gänzlich der Humanisierung der Gesellschaft verschrieben hat; Mutter Theresa ohne katholische Kirche, Martin Luther King ohne evangelisches Establishment!

Diese neue Situation müsste sich in der Kirchenordnung spiegeln. Das würde voraussetzen, dass das Verhältnis von Kirchen und Staat geklärt ist. Es würde in einer Art Leistungsauftrag geregelt, der die Unabhängigkeit der Kirchen gewährleistete: unabhängig nicht bloss in ihren strikt religiösen Aktivitäten (dieser Punkt scheint gesichert), sondern auch in der Freiheit, das Wort Gottes mit Blick auf das soziale, kulturelle politische und wirtschaftliche Leben auszulegen. Mit anderen Worten: Es gälte, die Idee einer kritischen Partnerschaft von Kirchen und Staat festzuschreiben (vgl. SEK, 2002).

Das gleiche Rechtsdokument müsste zudem festhalten, dass die evangelisch-reformierte Kirche die Wahrheit nicht besitzt, sie vielmehr sucht. Diese Option würde es dem Staat erleichtern, andere «spirituelle Wege» anzuerkennen und zugleich seine historische Zugehörigkeit zum Christentum zu bekräftigen – und entspräche so einem demokratischen Prinzip.

III. Globalisierung und Standardisierung der Religion

Genauso wenig wie die Wirtschaft kann sich die Religion dem Phänomen Globalisierung entziehen. Hierzu lassen sich mehrere Hypothesen formulieren. Etwa die Hypothese einer Verwestlichung der Wirtschaft wie der Religionen weltweit. Als Beispiel dafür könnte die Amerikanisierung des Judentums oder des Islams in den USA dienen; dahinter steht das Bemühen, diese religiösen Gruppen bei gleichzeitiger Schwächung ihrer Herkunftskultur zu integrieren. Andere Beobachtungen könnten eine andere Hypothese privilegieren, nämlich die Hypothese einer Globalisierung der Wirtschaft nach westlicher Art und einer Globalisierung der Religion nach östlicher Art. Als Beispiel für diese neue Konstellation könnte der Erfolg der buddhistischen Philosophie herangezogen werden; diese versteht sich als Alternative zur westlichen Rationalität, ohne aber mit dem kapitalistischen Modell zu brechen (vgl. Luca, 2002). Sich für die eine oder andere Hypothese zu entscheiden, bereitet namentlich in der Schweiz Schwierig-

keiten, wo die Bevölkerung grossmehrheitlich ihre kulturelle Nähe zum
Christentum und lediglich eine verschwindende Minderheit ihre geistige
Verwandtschaft zum Buddhismus postuliert. Nicht dementiert wird durch
diesen Befund eine Form von Hybridisierung des Religiösen – ein Phänomen, das sich unter anderem an der Ausformulierung von Glaubensüberzeugungen ablesen lässt (vgl. Campiche, 2001).

Man kann somit nicht umhin, sich mit dem «Kampf der Religionen» zu
beschäftigen. Keine Kirche darf ihn ignorieren. Glaubensbekenntnisse
werden relativiert, und es wird zwingend, die Bestände einer religiösen
Tradition in einem grösseren Ganzen zu verorten. Mit anderen Worten,
für die christlichen Kirchen geht es darum, die Idee einer Religion zu ver-
teidigen, die sich in den Dienst der Humanisierung der Welt stellt und
nicht die Unterwerfung eines Teils dieser Welt unter eine einzige Tradition
anstrebt. In diesem Sinne sollte sich jede religiöse Tradition als ein möglicher Weg zu dem erwähnten Ziel präsentieren. *Diese Stossrichtung wird bei
der Redaktion einer Kirchenordnung sicherlich leitend sein.*

Deutlich wird die Hybridisierung des Religiösen derzeit an der Dualisierung der Religion (vgl. Campiche, 2003a). Neben der institutionellen
Religion, die sich auf das Christentum und dessen Standards beruft, beginnt sich eine Art «Basisreligion» (*religion commune*) abzuzeichnen, die
bestimmte Standards der traditionellen Religion zulässt (Einhaltung der
Übergangsriten, Gewohnheit einer deklarierten Religions- oder Konfessi-
onszugehörigkeit, Konsens über die erzieherische Rolle der Kirchen in
religiösen Belangen), sich aber von letzterer durch die Übernahme von
universaleren und diffuseren Standards absetzt. Welches sind diese Standards?
– Berufung auf die Menschenrechte,
– Anerkennung der Existenz einer höheren Macht,
– Vorstellung von Religion als Privatsache,
– Bejahung des Gebets als Ausdruck der spirituellen Praxis
  des Individuums.

Trägerin dieser Standards ist, im weitesten Sinn, die Kultur. Es kommt zu
einem Nebeneinander mit traditionellen Standards von beschränkter
Tragweite:
– Besuch von Gottesdienst oder Messe,
– Bindung an eine Gemeinde oder Religionsgemeinschaft,
– Primärreferenz auf das Christentum,
– Widerstand gegen die Privatisierung von Religion.

Allgemeine und institutionelle Standards durchdringen sich gegenseitig.
Daraus ergibt sich für mich die Hypothese, beide Religionen seien als
Kontinuum und nicht als zwei einander ausschliessende religiöse Spielar-
ten zu sehen. Belegt wird das durch die Ergebnisse zweier Umfragen aus

den Jahren 1989 und 1999: Mehr als die Hälfte der Befragten, die sich als primär in der christlichen Tradition verankert bezeichnen, übernehmen Glaubensinhalte, die, zumindest unter formalem Aspekt, nicht Teil dieser Tradition sind. Als besonders erhellend erweist sich in dieser Hinsicht die Analyse der verschiedenen Aussagen über die Transzendenz, denen die Befragten zustimmen. Auch sie scheinen für die Mehrheit auswechselbar zu sein. Das bestätigt die Hypothese, wonach sich in ein und derselben Person die Wahrnehmung eines nahen und eines fernen Gottes vereinigt. Sie lässt sich aber insofern nicht verallgemeinern, als ein beachtlicher Teil der Befragten, die an eine höhere Macht oder an übernatürliche Kräfte glauben, die Vorstellung eines personalen Gottes ablehnen. Die gegenteilige Konstellation ist weit weniger häufig.

Diese wenigen Bemerkungen zur Funktionsweise allgemeiner institutioneller und kultureller Standards können nur dazu beitragen, die These der Individualisierung der Religion zu relativieren. Die Religiosität des Individuums unterliegt einem Standardisierungseffekt durch den Markt, wobei dieser Standardisierungseffekt als Resultat des Eingreifens verschiedener Instanzen aufgefasst wird. Eine dieser Instanzen ist der Staat, der vorab darüber wacht, dass der Markt ruhig bleibt (Lemieux/Milot, 1992). Noch begünstigt wird diese Entwicklung vermutlich dadurch, dass, zumindest im Westen, nicht Wahrheitsfindung die eigentliche religiöse Herausforderung darstellt, sondern Glauben im Hinblick auf persönliche Entfaltung und gemeinschaftliches Erleben.

Basisreligion und institutionelle Religion sind nicht antagonistische Grössen, sondern veranschaulichen je auf ihre Weise, wie die Kultur das religiöse Feld durchdringt. Die erwähnte Dualisierung erfasst nicht bloss die religiösen Inhalte, sondern auch den gesellschaftlichen Zusammenhalt. Institutionelle Religiosität ist homogen, nachbarschaftlich und lokal kodiert. In diesem Sinne ist und bleibt sie ein Integrationsfaktor. Basisreligion im eben definierten Sinn ist nicht Religiosität für das Ich, sondern verweist auf einen allgemeineren und diffuseren Anderen. Müsste man insofern von einem unsichtbaren gesellschaftlichen Zusammenhalt sprechen, als viele unserer Zeitgenossen sich eher dem Kosmos als einer Gruppe zugehörig fühlen? *Je nachdem, wie diese Frage beantwortet wird, wird man in einer Kirchenordnung den Begriff des Kirchenmitglieds in diesem oder jenem Sinne nuancieren, um so das Lokale an das Globale anzubinden.*

IV. Ist die Kirche noch eine Institution?

Um diese Frage beantworten zu können, ist vorgängig zu präzisieren, was unter Institution verstanden wird. Ohne ungebührlich zu vereinfachen, lässt sich postulieren, die Institution Kirche bestehe aus drei Elementen: aus Codes (Glaubensbekenntnis, Liturgie, Glaubenslehre), aus einer Organisation und aus Mitgliedern.

Die heutige Kirche scheint diese drei Elemente nicht mehr in sich zu vereinen. Im schlimmsten Fall wird sie nur noch als Organisation im bürokratischen Sinn des Wortes wahrgenommen. Einen Einblick in diese Thematik vermitteln die immer neuen Anläufe nicht weniger Kantonalkirchen zu Strukturreformen. Abschreckendstes Beispiel ist sicherlich jene Reorganisation, die den SEK jahrelang praktisch lahm legte.

Offenkundig stellt sich die Frage, ob es angesichts der seit den Sechzigerjahren eingetretenen Verwerfungen überhaupt möglich sei, die drei erwähnten Elemente wieder in eine Einheit zu fassen. Man könnte in der Tat annehmen, dass die Pluralisierung der Religion, der die Kirchen bestimmende innere und äussere Pluralismus, die Wiederherstellung der Institution verunmöglicht. Ein kurzer Exkurs soll helfen, diesen Punkt zu klären.

Fakt ist der religiöse Glaube. Und dieser Glaube «belebt nach wie vor die Sinnsuche der heutigen Zeit» (Lemieux, 1999, 61). Ergänzt wird dieser Befund durch eine für die christlichen Kirchen wenig erfreuliche Feststellung. Die Suche nach Antworten auf so genannte spirituelle Bedürfnisse hat heute eine weitgehend pragmatische Wende genommen. Übernommen wird ein Glaubensinhalt nur, wenn er ausprobiert und als nützlich erachtet worden ist. Die viel beschworene religiöse Revolution der Sechzigerjahre des 20. Jahrhunderts erweist sich in vielerlei Hinsicht als gewaltige Anpassungsleistung an die grossen zeitgenössischen Zumutungen. So wird einsichtig, weshalb die Religion zugleich hoch und gering geschätzt wird. Hoch geschätzt, weil sie sich vollkommen in das Begehren des Individuums integrieren lässt. Gering geschätzt, weil sie nicht Trägerin eines starken, authentischen Elans ist, der dazu befähigt, ein anderes Zusammenleben zu erträumen und in Ansätzen zu realisieren. Anders gesagt, es gibt keine oder kaum Entwürfe, die das Potential hätten, die Codes mit der Organisation, dem Leben und der Beteiligung der Mitglieder zusammenzubringen.

Wenn es denn die Aufgabe der Kirchen ist, die Neubelebung eines gemeinsamen Glaubensfundus zu fördern, *müsste eine Kirchenordnung das Hauptgewicht auf die Suche nach einem gemeinsamen Entwurf legen, der auf gemeinsamen Werten beruht und mit dem merkantilen Geist unserer Epoche bricht.* Es ist doch äusserst bemerkenswert, dass die Schweiz in den letzten Jahren von Finanzskandalen erschüttert wurde, dass aber jeder Protest gegen die in diesen Skandalen offenkundig gewordene Auflösung von Ethik und öffentlicher Verantwortung ausblieb. Die durch kein rationales Kriterium zu rechtfertigende Erzielung enormer Gewinne ist Zeichen des Scheiterns der protestantischen Ethik, die lange Zeit spezifisches Merkmal und Legitimation dieser religiösen Überlieferung war. Die Zürcher Landeskirche befindet sich im Zentrum der wirtschaftlichen Macht der Schweiz. Aus dieser Lage erwächst ihr eine spezifische Aufgabe. Diese Aufgabe muss sie wahrnehmen. Nur um diesen Preis wird sie ihre Rolle als Institution, das heisst als anerkannte Autorität, zurückerlangen.

Übersetzung: Elisabeth Mainberger-Ruh (Zürich)

Literatur

Campiche, Roland J. (2001): Religion: Herausforderung für die Kirchen?, Studien und Berichte 57, Bern: Institut für Sozialethik des SEK.

Campiche, Roland J. (Hg.) (2003): Régulation de la religion par l'Etat. Nouvelles perspectives, in: Archives de sciences sociales des religions Nr. 121, Paris: PUF.

Campiche, Roland J. (2003a): L'individualisation constitue-t-elle encore le paradigme de la religion en modernité tardive?, in: Social Compass, London: Sage (erscheint demnächst).

Friederich, Ueli u. a. (2002): Bericht der Expertengruppe «Religionsartikel», Bern: SEK.

Kellerhals, Jean u. a. (2002): Kinship Cultures and Identity Transmission, in: Current Sociology 50.2, London: Sage, 213–228.

Lemieux, Raymond (1999): L'intelligence et le risque de croire: théologie et sciences humaines, Québec: Fides.

Lemieux, Raymond/Milot, Micheline (Hgg.) (1992): Les croyances des Québécois: esquisses pour une approche empirique, Québec: Université Laval.

Luca, Nathalie (2002): De l'effet des religions sur la mondialisation, in: Archives de sciences sociales des religions, Nr. 120, Paris: PUF, 47–53.

Olivier, Christiane (2002): Enfants-rois: plus jamais ça!, Paris: Albin Michel.

Zur sprachlichen Gestalt einer neuen Kirchenordnung

Cla Reto Famos

I. Die Kirchenordnung als Rechtsnorm

Welcher Sprachstil ist eigentlich für eine Kirchenordnung angemessen? Das hängt davon ab, welcher Textgattung wir sie zuordnen: Firmenleitbild, Grundsatzpapier, theologischer Traktat? Die Kirchenordnung ist nichts von alledem, sondern in erster Linie ein Rechtstext. Sie ist rechtlich als ein Gesetz (mit kircheninternem Verfassungsrang) zu betrachten. Kirchenrechtliche Erlasse stehen entgegen der berühmten These Rudolph Sohms mit dem Wesen des Christentums gerade nicht in einem fundamentalen Gegensatz[1], sondern versuchen, im Geist des Evangeliums eine soziale Ordnung zu formen, die alle wesentlichen Fragen der christlichen Gemeinschaft regelt[2].

Ein Gesetz besteht aus Sprache und ist ein systemfähiger und kodifikatorisch systematisierter Text, der in übergeordnetes und untergeordnetes Recht eingebettet ist. Ein Gesetz ist Teil eines grösseren Rechtssystems und enthält zugleich in sich ein System von Rechtssätzen. Mit der Formulierung von Rechtstexten beschäftigt sich die Rechtssetzungslehre[3], eine Spezialdisziplin der allgemeinen Rechtswissenschaft.

Auch die neue Kirchenordnung wird einerseits eingebettet sein in die staatskirchenrechtliche Mantelordnung, welche durch das Kirchengesetz, die Kantonsverfassung und die Bundesverfassung gebildet werden, und andererseits Regelungsaufträge an untergeordnete kirchenrechtliche Erlasse wie Verordnungen enthalten. Eine Verzahnung mit dem staatlichen

---

1 Rudolph Sohm, Kirchenrecht, hg. v. Karl Binding, Bd. 1, Leipzig 1892, 1: «Das Kirchenrecht steht mit dem Wesen der Kirche in Widerspruch.»

2 Karl Barth, Rechtfertigung und Recht, hg. v. Eberhard Jüngel, (Theologische Studien 104), Zürich ⁴1989, 33.

3 Aus der Fülle der Literatur: Peter Noll, Gesetzgebungslehre, Reinbek bei Hamburg 1973; Georg Müller, Elemente einer Rechtssetzungslehre, Zürich 1999; Paul Richli, Interdisziplinäre Daumenregeln für eine faire Rechtssetzung. Ein Beitrag zur Rechtssetzungslehre im liberalen, sozial und ökologisch orientierten Rechtsstaat, Basel 2000.

Recht ist deshalb gegeben und bringt notwendigerweise Fachtermini und
eine rechtliche Sprache mit sich.

1. Recht und Sprache

Recht ist das Bemühen, durch sprachlich fixierte Normierung des
menschlichen Verhaltens eine soziale und gerechte Ordnung zu schaffen.
Dadurch ist Recht immer schon auf Sprache angewiesen[4]. Früher wurde
Recht vor allem mündlich geformt und überliefert. Heute ist Recht ein
weitgehend schriftlicher Vorgang geworden.

Recht ist ein selbständiger Bereich der Gesellschaft. Schon vor Jahrtau-
senden hat sich dieses gesellschaftliche Subsystem herausgebildet, und es
entwickelt sich in immer neuen Verästelungen ständig weiter. Beispielsweise entsteht seit einigen Jahren ein neues Rechtsgebiet, das sich mit dem
e-commerce beschäftigt. Als Spezialbereich hat Recht auch eine eigene
Fachsprache. Dazu zwei Beispiele: Ein «Prozess» ist rechtlich nicht einfach
ein genereller Vorgang, sondern die nach bestimmten Regeln ablaufende
Verhandlung vor dem zuständigen Gericht. Wenn eine rechtliche Norm
«grundsätzlich» gilt, stellt sich im Rechtsdenken sofort die Frage nach den
Einschränkungen und Ausnahmen ein.

2. Zwei Fachsprachen

In einer Kirchenordnung kommen nun sogar zwei sehr ausgeprägte
Fachsprachen zusammen. Zu der rechtlichen gesellt sich die theologische,
in der ein überkommener Sprachschatz enthalten ist. Sie operiert mit Begriffen wie Taufe, Jesus Christus oder Diakonie, die eine unendlich reiche
Geschichte haben, dadurch aber entsprechend umstritten sein können.

Es sind nicht nur unterschiedliche Begriffssysteme, die in einer Kirchenordnung zusammenkommen, sondern auch wesentlich verschiedene
Textstrukturen. Das Recht enthält typischerweise sogenannte abstrakte
konditionale Imperative[5]. Das sind allgemein gehaltene Anweisungen, die
bei Eintritt einer bestimmten Voraussetzung nach einer Ausführung im
Sinne eines logischen Syllogismus verlangen. Im Recht spricht man vom
Subsumtionsverfahren: Ein Rechtssatz wird einer konkreten Situation
(rechtlich: einem Sachverhalt) zugeordnet. Die rechtliche Norm ist der

---

4 Gunther Arzt, Einführung in die Rechtswissenschaft. Grundlagen mit Beispielen aus
   dem schweizerischen Recht, Basel [2]1996; Max Baumann, Gesetzessprachen – Spra-
   chen der Rechtssetzung, Zürich 2002; Peter Heinrich, Sprache als Instrument des
   Verwaltungshandelns. Eine Einführung in die Sprachwissenschaft für Angehörige
   der öffentlichen Verwaltung (Verwaltung, Recht und Gesellschaft 4), Berlin 1994;
   Markus Nussbaumer, Sprache und Recht, hg. v. Institut für deutsche Sprache Mann-
   heim (Studienbibliographien Sprachwissenschaft 20), Heidelberg 1997.
5 Albert Stein, Evangelisches Kirchenrecht. Ein Lernbuch, Berlin [3]1992, 32.

Obersatz, der Sachverhalt der Untersatz und die Herstellung der Beziehung zwischen Ober- und Untersatz der Subsumtionsvorgang. Zum Beispiel «befiehlt» Art. 123 Ziff. 1 des Schweizerischen Strafgesetzbuches, dass grundsätzlich jeder Mensch, der einen anderen (vorsätzlich, rechtswidrig und schuldhaft) körperlich schädigt, zu bestrafen ist (Obersatz). Wenn ein Strafgericht zur Feststellung kommt, dass der Angeklagte Müller dem Geschädigten Meier am 30. Oktober 2002 vor dem Bahnhofbuffet in Rorschach Fusstritte und Faustschläge versetzt hat (Untersatz), muss es daraus die Schlussfolgerung ziehen, dass das Verhalten von Herrn Müller von Art. 123 Ziff. 1 StGB erfasst ist und Herr Müller deshalb nach dieser Norm zu bestrafen ist (Subsumtionsvorgang).

Die Theologie orientiert sich auch an Anforderungen der Logik, ist aber nicht in gleichem Masse auf die Ausführbarkeit und soziale Durchsetzbarkeit ihrer Aussagen ausgerichtet. Das hängt unter anderem damit zusammen, dass Recht und Theologie – nach heutigem demokratisch-freiheitlichem Staatsverständnis – verschiedene gesellschaftliche Funktionen übernehmen. Während das (staatliche) Recht zwingend zu befolgende Regeln für eine Schicksalsgemeinschaft (alle Bürger eines Staates) aufstellt, denkt christliche Theologie über den in Jesus Christus offenbar gewordenen Gott und die ihn verkündigende Botschaft nach. Aus dieser Botschaft ergeben sich durchaus Konsequenzen für das Handeln des Einzelnen und der Gemeinschaft. Aber diese sind aufgrund des staatlichen Gewaltmonopols und der Gewissensfreiheit des Einzelnen nicht mit letzter Konsequenz durchsetzbar – auch nicht im Kirchenrecht. Das ist zusammen mit der liberalen Tradition des Schweizerischen Protestantismus ein Grund für die abgeschwächte Durchsetzbarkeit des Kirchenrechts im Vergleich zum staatlichen Recht.

II. Verständlichkeit?

Muss ein Gesetz für Laien verständlich sein? Manche Autoren verneinen dies. Die Frage hängt auch davon ab, wen man als Adressatenkreis definiert. Wenden sich Gesetze an jedermann oder genügt es, wenn sie der «Rechtsstab» anwenden und ausführen kann? Der Zürcher Staatsrechtsprofessor Georg Müller[6] vertritt die Meinung, dass der Adressatenkreis eines Gesetzes gar nicht entscheidend sei, weil sich faktisch die Bürgerinnen und Bürger überhaupt nicht mehr in den Gesetzessammlungen über die rechtliche Situation informieren. Und wirklich greift man heute eher zu Informationsblättern, Ratgeberbüchern oder zum Telefon, wenn eine rechtliche Frage auftaucht. Kommt noch dazu, dass viele Gesetze auch bei

---

6 Müller, Elemente einer Rechtssetzungslehre, 84ff.

scheinbar klarem Wortlaut durch Richterrecht (d.h. präzisierende Ge-
richtsurteile) ergänzt werden und damit bei fehlendem Hintergrundwissen
gar nicht aus sich heraus verständlich oder im schlimmsten Falle sogar irreführend sind.

Das mag für das allgemeine Recht stimmen. Im evangelischen Kirchenrecht hingegen herrschen etwas andere Verhältnisse. Von einer Normen-
flut kann sicher nicht in gleichem Masse die Rede sein. Weiterführendes
Richterrecht spielt in diesem Bereich eine untergeordnete Bedeutung. Vor
allem aber scheint eine intensive Auseinandersetzung aller Kirchenglieder
mit den durch die Kirchenordnung zu regelnden Fragen wünschenswert.
Die Kirchenordnung soll deshalb ein Kodex für alle, nicht nur für Ver-
waltungsjuristen und Pfarrerinnen sein.

1. Das ZGB als Vorbild

Es gibt in der schweizerischen Geschichte ein schönes Vorbild für ein
Gesetz, dass diese Allgemeinverständlichkeit angestrebt und über weite
Strecken auch erreicht hat: das Schweizerische Zivilgesetzbuch (ZGB).
Deshalb scheint mir die Erinnerung an dieses Gesetzeswerk, das vor etwa
hundert Jahren ausgearbeitet wurde und noch heute in Geltung steht, in
mancher Hinsicht auch für das Kirchenrecht fruchtbar zu sein. Der geistige Lenker der damaligen Gesetzgebungsarbeit war Eugen Huber[7]. Der
Rechtsgelehrte wurde 1884 vom Bund mit der Aufgabe betraut, eine ver-
gleichende Darstellung des Zivilrechts aller Kantone zu erarbeiten. Ein
vierbändiges Werk «System und Geschichte des Schweizerischen Privat-
rechtes» war die Frucht dieser Grundlagenarbeit, die sich über zehn Jahre
hinzog. 1892 erhielt Huber den Auftrag, einen Entwurf zu einem gesamtschweizerischen Zivilgesetzbuch auszuarbeiten. Der so entstandene Vor-
entwurf wurde von einer grossen, vom Bundesrat ernannten Experten-
kommission eingehend geprüft. 1907 wurde das ZGB von National- und
Ständerat angenommen, am 1. Januar 1912 trat es in Kraft.

Es war die erklärte Absicht Eugen Hubers, das ZGB so verständlich
und klar zu formulieren, dass alle intelligenten Bürger und jeder Laien-
richter es ohne Vorstudien lesen und verstehen konnten. Das ZGB sollte
ein Gesetz für das Volk sein. Dies im markanten Gegensatz zum Deutschen Bürgerlichen Gesetzbuch (BGB), welches 1900 in Kraft trat. Das
BGB war durch den erreichten Grad der Abstraktion und strammen logischen Systematik ein Meilenstein der wissenschaftlichen Jurisprudenz, ver-
zichtete aber fast völlig auf das Kriterium der Verständlichkeit. In der
Schweiz ging man aufgrund der starken demokratischen Tradition andere
Wege. Eugen Huber hielt trotz des grossen kodifikatorischen Vorbildes an

---

7 Zum Folgenden: Peter Tuor/Bernhard Schnyder, Das Schweizerische Zivilgesetzbuch, Zürich [10]1992.

der Allgemeinverständlichkeit des ZGB fest. «Es will sich an alle wenden, die ihm unterworfen sind. Die Gebote des Gesetzgebers müssen daher, so weit dies mit dem speziellen Stoff verträglich ist, für jedermann oder doch für die Personen, die in den gesetzlich geordneten Beziehungen in einem Beruf tätig sind, verstanden werden können. Ihre Sätze müssen auch für die nicht fachmännisch ausgebildeten Personen einen Sinn haben, wenngleich der Fachmann jederzeit mehr daraus wird entnehmen können als die anderen.»[8] Das ZGB zeichnet sich noch heute durch seine Verständlichkeit aus. Es vermeidet abstrakte Oberbegriffe, verzichtet auf einen allgemeinen Teil, ist durch Marginalien und anschauliche Gliederung übersichtlich und lehnt sich so weit wie möglich der Umgangssprache an. Nicht zuletzt fiel das ZGB durch seine Kürze auf. Es kam mit 977 Artikeln aus, während das BGB für dieselbe Materie 1533 Paragraphen umfasste.

Das ZGB ist seit seiner Entstehung weiterum beachtet und geachtet worden. Gerade wegen seiner präzisen Einfachheit beeinflusste es die folgende Gesetzgebung. Die Türkei und das Fürstentum Liechtenstein etwa haben in den zwanziger Jahren massgebliche Teile des ZGB in ihr Recht übernommen.

Sicher hat sich in Staat und Gesellschaft seit dem Erlass des ZGB vieles verändert. Die Verhältnisse sind unübersichtlicher geworden. Eine ungeahnte Gesetzesflut hat sich immer stärker ausgebreitet. Trotzdem – oder gerade deshalb – lohnt es sich nicht zuletzt aus staatspolitischen Gründen, den Idealen des ZGB auch heute Beachtung zu schenken. Ein Staatswesen, das in seiner Rechtssetzung von vornherein ausschliesst, dass die Bürgerinnen und Bürger die Gesetze überhaupt noch verstehen können, verliert über kurz oder lang seine demokratische Kraft. Für die Zürcher Kirchenordnung gilt dies doppelt. Denn sie nimmt im Zürcher Kirchenrecht als oberste kirchenrechtliche Norm sozusagen Verfassungsrang ein. Eine Verfassung aber stellt den allgemeinen Konsens einer Gemeinschaft dar. Sie muss von allen getragen und deshalb auch von allen verstanden werden.

2. Kriterien der sprachlichen Gestalt

Für die sprachliche Gestaltung einer Kirchenordnung lassen sich drei Grundregeln der allgemeinen Rechtssetzungslehre formulieren: Präzision, Kürze und Einfachheit[9]. Sie gelten eigentlich in dieser Allgemeinheit auch für die meisten anderen Texte. Nicht zuletzt könnte auch einer Theologie, die sich mehr und mehr mit einem tiefgreifenden Relevanzverlust kon-

---

8 AaO, 11.
9 Müller, Elemente einer Rechtssetzungslehre, 148ff.

frontiert sieht, die Besinnung auf die sprachliche Trias Klarheit, Kürze und Einfachheit von erheblichem Nutzen sein.

Die praktische Schwierigkeit besteht darin, dass sich die drei Prinzipien in ihren Tendenzen zum Teil behindern. Es müssen also im Gesetzgebungsprozess nicht nur sachliche, sondern auch sprachliche Kompromisse eingegangen werden.

2.1 Präzision

Eine rechtliche Norm muss vor allem präzis sein. Sie muss möglichst genau beschreiben, welche Rechtsfolgen zu gewärtigen sind, welche Leistungen erbracht werden müssen, welcher Sachverhalt geregelt wird. Unklare rechtliche Regelungen verlieren ihre Lenkungs- und Durchsetzungskraft, stiften Verwirrung und führen nicht zuletzt zu ungerechten Verhältnissen.

Eine grössere Klarheit muss oft durch höhere Komplexität des sprachlichen Ausdrucks erkauft werden. Dadurch werden präzise Texte zuweilen nicht nur komplizierter, sondern auch länger. Das Prinzip der Präzision stösst sich so mit den beiden anderen und muss in eine sinnvolle Balance mit diesen gebracht werden. Grundsätzlich geniesst die Präzision aber den Vorrang.

Präzision ist allerdings nicht mit Bestimmtheit zu verwechseln. Eine rechtliche Regelung kann sogar bewusst unbestimmt formuliert werden, ohne dass sie deswegen ungenau sein muss. Dies geschieht etwa bei Generalklauseln oder sogenannten unbestimmten Rechtsbegriffen. Mit solchen durchaus präzisen rechtssetzungstechnischen Mitteln lassen sich beispielsweise Spielräume schaffen, welche von Normen unterer Stufen (untergeordnete Gesetze oder Verordnungen) oder durch Einzelfallentscheidungen (etwa durch eine Verwaltungsstelle, die Kirchenpflege oder durch das Pfarramt) ausgefüllt werden können.

Rechtliche Texte kommen ohne eine gewisse Fachterminologie nicht aus. In einer Kirchenordnung, welche sich als Grundgesetz der Evangelisch-reformierten Landeskirche des Kantons Zürich versteht, darf die rechtliche Klarheit aber nicht auf Kosten der Verständlichkeit dominieren.

2.2 Kürze

Normtexte sollen möglichst kurz sein. Veranschaulichungen, Motivierungen, Vergleiche oder Erklärungen gehören nicht in eine Kirchenordnung. Nach dem ökonomischen oder Konzentrationsprinzip müssen Zahl und Umfang der Regeln möglichst klein gehalten werden, um das Erkennen, Begreifen und Behalten der Normen optimal zu erleichtern. Die Kürze von Texten fördert meistens auch ihre Präzision.

Die Kürze bezieht sich auf alle Elemente einer Norm. Im ZGB ist dieser Anforderung beispielhaft Genüge getan: Kein Artikel enthält mehr als drei Absätze, kein Absatz mehr als zwei Sätze. Schachtelsätze werden vermieden, weil sie die Lesbarkeit oft behindern.

Während etwa ein Lehrbuchtext mit Beispielen, Wiederholungen, Erklärungen und Kommentaren arbeitet, müssen solche Mittel zur Verbesserung der semantischen Redundanz in rechtlichen Normtexten vermieden werden. Man muss sich bewusst machen, dass jeder Rechtssatz einen normativen Gehalt aufzuweisen hat. Motivation und erklärende Wiederholung hingegen gehören nicht hierher. Sie stiften in Normtexten nur Verwirrung und erschweren die Auslegung.

In einer gewissen Spannung zur Regel der Kürze steht das Anliegen der sprachlichen Gleichbehandlung der Geschlechter. Das Erfassen beider Geschlechter führt zu längeren Normtexten und behindert zuweilen die Lesbarkeit, ist aber dem heutigen Sprachempfinden angemessen und nicht zuletzt präziser. Die übermässige Häufung von Personenbezeichnungen in Paarform (z.B. Kirchenpflegepräsidentin und Kirchenpflegepräsident, Spitalpfarrerin und Spitalpfarrer, Hilfssigristin und Hilfssigrist) sollte vermieden werden. Oft lassen sich geschlechtsneutrale Formulierungen finden. Die häufig anzutreffende Erklärung, dass sich alle (meist männlichen) Personenbezeichnungen sowohl auf Frauen als auch auf Männer beziehen, schafft keine echte sprachliche Gleichbehandlung. Das konsequente Wechseln zwischen der männlichen und der weiblichen Form behindert zuweilen die Lesbarkeit und hat sich deshalb nicht durchgesetzt. Gefordert ist ein kreatives und behutsames Vorgehen, das allein zu eleganten Formulierungen führen kann.

2.3 Einfachheit

Je einfacher eine Norm formuliert ist, desto wahrscheinlicher ist ihre korrekte Vermittlung und damit ihre Wirksamkeit. Das Prinzip der Einfachheit verwirklicht sich sowohl in der Auswahl der Wörter, als auch im Satzbau und anderen Elementen sprachlicher Gestaltung. Oft unterstützen sich die Einfachheitsregel und das Gebot der Kürze. Zuweilen muss Einfachheit aber mit grösserer Ausführlichkeit erkauft werden. Und manche kurze Texte sind nur scheinbar einfach. Auch das Erfordernis der Präzision steht in einem gewissen Widerspruch zur Einfachheit. Komplexe Gegenstände lassen sich mit einfachen Formulierungen oft nicht sachgerecht erfassen. Trotzdem muss es das Ziel sein, so nahe wie möglich an der Umgangssprache zu formulieren: Der Stil soll fliessend und durchsichtig sein.

Der Einfachheit dienen auch Massnahmen, welche die Übersicht fördern: eine anschauliche Gliederung, Marginalien, die das schnelle Auffin-

den von Normen erleichtern, der Aufbau des Gesetzes nach einer inneren
Logik und ein durchgehendes Schema.

Manchmal haben komplizierte Texte einen rechtspolitischen Hintergrund: Im Rechtssetzungsprozess müssen oft Kompromisse geschlossen
werden, die das Einfügen von Vorbehalten oder Ausnahmen in den Gesetzestext nötig machen. Dann gerät die Einfachheitsregel in Konflikt mit
der Funktion des Rechts, einen politischen Konsens herbeizuführen und
zu stabilisieren. Dies gilt im Bereich der Kirche genauso.

III. Schluss

Die Vorarbeiten und Beratungen, die schliesslich zum Erlass des ZGB
führten, zogen sich über Jahrzehnte hin. Eugen Huber, einer der grossen
Rechtsgelehrten der Schweizer Geschichte, erhielt im Vorfeld Forschungs-
aufträge, die ihn über Jahre beschäftigten und beeindruckende wissenschaftliche Ergebnisse erbrachten: die Darstellung der damals herrschenden verwirrenden Vielfalt kantonaler Zivilrechtsordnungen und Vorschlä-
ge zu deren Harmonisierung. Das Projekt ZGB lebte vom Einbezug aller
wesentlichen Kräfte in eine grosse Kommission unter der Federführung
einer Person mit überragender Kompetenz.

Die Verhältnisse der Zürcher Kirchenordnungsrevision liegen trotz
manchen Ähnlichkeiten etwas anders. Eine Gesamtdarstellung des un-
übersichtlichen und zersplitterten Schweizerischen Staatskirchenrechts ist
zwar erst vor einigen Jahren überzeugend von Dieter Kraus vorgelegt
worden[10]. Die grosse und dringende Frage einer gesamtschweizerischen
Harmonisierung der kantonalen Kirchenrechtssysteme geht hingegen weit
über die Aufgaben hinaus, vor die sich die evangelisch-reformierte Landeskirche des Kantons Zürich – und nota bene auch die römisch-
katholische Körperschaft – gestellt sehen. Und schliesslich liegt mit der
geltenden Kirchenordnung vom 2. Juli 1967 ein Erlass vor, der den hier
dargelegten Kriterien über weite Strecken Genüge getan hat, was massgeblich auf den Einfluss des Theologen Gotthard Schmid[11] und des Juristen
Eduard Rübel zurückzuführen ist.

---

10 Dieter Kraus, Schweizerisches Staatskirchenrecht. Hauptlinien des Verhältnisses von
   Staat und Kirche auf eidgenössischer und kantonaler Ebene (Jus ecclesiasticum 45),
   Tübingen 1993.
11 Hans Heinrich Schmid, Umbau der Kirche. Die Revision der Zürcher Kirchengesetzgebung 1943–1967 aus der Sicht eines ihrer Väter: Gotthard Schmid, Dr. theol.
   h.c. [1909–1968], Zürich 1988, mit ausführlichen Beispielen der sprachlichen Ver-
   einfachung und Präzisierung gegenüber dem Entwurf von Oskar Farner aus dem
   Jahre 1946.

Bei aller Unterschiedlichkeit lohnt sich die Orientierung an einem Gesetzgebungsprojekt, das noch heute vorbildhaft wirkt und eine starke Ausstrahlung entfaltet hat. Der evangelischen Kirche würde eine neue Kirchenordnung in sorgfältiger sprachlicher Gestalt gut anstehen. Die Grundlagen dafür müssen bewusst gelegt werden.

Ordnung und Botschaft

Ein Plädoyer für beiderlei Gestalt

Matthias Krieg

Nach Brunos Besuch verbrachte Michel die beiden folgenden Wochen im Bett. Wie kann eigentlich eine Gesellschaft, so fragte er sich, ohne Religion weiterbestehen? Schon für den einzelnen schien die Sache nicht einfach zu sein. Mehrere Tage lang betrachtete er den Heizkörper, der links neben seinem Bett angebracht war. In der kalten Jahreszeit füllten sich die Heizrippen mit warmem Wasser, das war ein nützlicher wohldurchdachter Mechanismus; aber wie lange konnte die westliche Gesellschaft ohne jede Religion weiterbestehen? Als Kind hatte er gern die Pflanzen im Gemüsegarten gegossen. Er besass noch ein kleines quadratisches Schwarzweissfoto, auf dem er unter Aufsicht seiner Grossmutter eine Giesskanne in der Hand hielt; er mochte damals etwa sechs Jahre alt gewesen sein. Später hatte er gern Einkäufe gemacht; mit dem Wechselgeld des Brots durfte er sich Karamelbonbons kaufen. Anschliessend hatte er Milch beim Bauern geholt; er hatte die Aluminiumkanne mit der noch warmen Milch am ausgestreckten Arm hin und her geschwenkt und sich etwas gefürchtet, wenn er nach Einbruch der Dunkelheit durch den von Dornensträuchern gesäumten Hohlweg ging. Heute war für ihn jeder Gang in den Supermarkt eine Qual. Dabei änderten sich die Waren, es kamen unentwegt neue Tiefkühlgerichte für Singles auf den Markt. Vor kurzem hatte er – zum erstenmal – in der Fleischabteilung seines Monoprix ein Straussensteak gesehen.

Der Franzose Michel Houellebecq ist 1958 geboren und hat 1998 seinen Roman «Elementarteilchen» veröffentlicht, ein ebenso erhellendes wie verwirrendes Gleichnis auf die Grundbewegungen der Moderne, Postmoderne und was nach ihnen kommen mag. Der wiedergegebene Abschnitt aus der Mitte des Romans[1] schildert eine der beiden Hauptfiguren (zwei ungleiche Brüder) im timeout: Michel ist offensichtlich depressiv gestimmt und verkriecht sich ins Bett.

Dabei zeigt sich seinem äusseren, gegenwärtigen Blick «ein nützlicher wohldurchdachter Mechanismus»: Der Heizkörper nämlich, der zwar jetzt nicht gebraucht wird, aber für den kommenden Winter bereit ist. Der Mensch der Moderne hat sich seine Welt nützlich eingerichtet. Alles ist durchdacht, alles besorgt, alles im Griff. Eigentlich lebt er in einer relativ

---

1 Michel Houellebecq, Elementarteilchen (List-TB 60080), München ²2001, 184.

gefahrlosen, weitgehend gesicherten, kaum beunruhigenden Welt. Doch ist
es eine vor allem äusserlich geordnete, eine funktional geordnete Welt.
Auch Religion hat in ihr Funktionalität. Wie die Heizung im Winter der
Natur gibt sie warm im Winter des Lebens. Es ist nützlich, für dann eine
zu haben. Wer weiss, wie kalt es werden wird. Und es ist eine vor allem
kundenorientierte, eine individual ausgerichtete Welt. Der single gibt den
Ton an, weil er am meisten Geld auszugeben hat. Ihm deckt der Supermarkt einen reichen Tisch. Sogar Straussensteaks findet er neuerdings
pfannenfertig vor. Mit der Religion aber ist es «schon für den einzelnen»
anscheinend «nicht einfach». Um wieviel mehr für eine Gemeinschaft, liest
man unwillkürlich weiter. Warum? Etwa, weil Religion funktional und individual noch nicht ganz unterzubringen ist? Äusserlich und kundenorien-
tiert noch nicht ganz einleuchten will? Sich in eine vor allem auf Ordnung
bedachte Welt nicht einfach fügt?

Seinem inneren, erinnernden Blick tut sich die Vergangenheit auf: Der
sechsjährige Michel sieht Grossmutters Garten, auch den Krämerladen
und Bauernhof der Nachbarn, sich selbst unterwegs bei der Nahrungsbe-
schaffung. Auch damals ging es um Lebensmittel. Doch waren es verschiedene Orte mit je eigenem Gepräge. Gemüsegarten, Krämerladen und
Bauernhof hatten Atmosphäre und Ausstrahlung, waren für Nase, Auge
und Ohr unterscheidbar, warteten mit je eigenen Bedingungen auf, über-
raschten den Jungen mit geheimnisvollen Reizen, bestimmten Verboten
und kleinen Abenteuern. Als ob die Besorgung der Lebensmittel mit der
Wahrnehmung verschiedener Ansprüche und Botschaften einher gegan-
gen wäre? Als ob Grossmutter, Krämerfrau und Bauer Menschen mit Charakter und Geschichte gewesen wären? Als ob der Gang der Besorgungen
auch ein Sammeln von Erfahrungen hätte sein können? Von längst aus der
Mode gekommenen Wörtern wie «Beschaulichkeit» und «Gemüt» gar nicht
erst zu reden. Heute ist alles praktisch und kundengerecht eingerichtet,
abwechslungsreich und zuvorkommend, zentral und assortiert, alles wohl
organisiert, und ist dennoch «eine Qual». Warum? Weil da zwar Ordnung
ist, aber keine Botschaft?

Houellebecqs eingangs gestellte Leitfrage bleibt hier und im ganzen
Roman unbeantwortet: «Wie kann eigentlich eine Gesellschaft ohne Religion weiterbestehen?» Ihre reine Funktionalität in einem System, das sich
der Mensch nützlich einrichtet, und ihr kundenorientierter Zuschnitt auf
die Individualität, die sich der Mensch als obersten Wert setzt, diese beiden Kriterien jedenfalls sichern ihren Bestand nicht. Sie sind ebenso en
vogue wie en passant. Religion ist auch eine überindividuelle, auch eine
gesellschaftliche Frage. Und sie ist auch eine jenseits des Gedankens der
Ordnung gestellte, auch eine mit einer Botschaft verbundene Frage.

Dieser Essay beginnt absichtlich mit diesem literarischen Zitat: Michel
Houellebecq, der theologisch und kirchlich unverdächtige Schriftsteller,

der die Postmoderne darstellt und kritisiert, scheint in «der Religion» mehr als ein funktional domestiziertes und individual ausgebeutetes Angebot des Marktes zu vermuten, ein «Lebensmittel» jenseits des funktionalen Supermarktes. Der folgende Essay jedenfalls plädiert für eine Verknüpfung von Ordnung und Botschaft, besser noch: von Botschaft und Ordnung, eine Verknüpfung, die der Sache des Glaubens ebenso gerecht wird wie dem Leben der Gemeinde, dem Anspruch des Evangeliums ebenso wie den Fragen des Menschen. Er plädiert dafür, «Kirche» nicht nur als ein kybernetisches Problem zu betrachten, das mit den Mitteln der Organisationsentwicklung gelöst werden kann, sondern auch als die ekklesiologische Aufgabe, die mit theologischer Erinnerung und Anverwandlung angegangen werden muss. In einer Zeit der Inflation alles Formalen und Strukturellen, Gestalterischen und Ordnungsmächtigen plädiert der Essay für die Achtung der Inhalte, des Gehaltvollen und Kerygmatischen, nicht im Gegensatz zu dem, was heute schnellere und höhere Plausibilität hat, sondern in dialektischer Verbindung mit ihm. Drei Modelle, Botschaft und Ordnung zu verbinden, sieht er, und sechs Argumente, diese Verbindung zu wollen, nennt er.

I. Drei Modelle

Erstes Modell: Es bleibt alles beim Alten. Wie die gültige Zürcher Kirchenordnung von 1967 in ihren Artikeln 1–6 die theologischen Verbindlichkeiten nennt, wird es auch die Kirchenordnung von 2006 in ihren Eingangsteilen tun.[2] – Vorteile: Vorhandene Vertrautheit bleibt erhalten. Es kann verbessert werden, gibt aber keine Erschütterungen. – Nachteile: Wer bis jetzt nicht mit ihr vertraut war, wird auch künftig keinen Gebrauch von ihren (wenigen) theologischen Essentials machen. Die Gelegenheit, eingangs eines neuen Jahrhunderts (und Jahrtausends) reformierte Orientierungen und wegweisende Erneuerungen zu ermöglichen, bleibt weitgehend ungenutzt.

Zweites Modell: Der bisher nur intern so genannte «Verfassungsteil»[3] in den Artikeln 1–6 wird durch eine neue Grobgliederung der Kirchenordnung eigens hervorgehoben. Sie besteht aus einer Dreiteilung in die Kapitel «Bezüge», quasi das Netzwerk, in dem wir unseren Standort bestim-

---

2 Vgl. KO Artikel 1–6 mit den Marginaltiteln «Kirche / Ordnung der Kirche / Ursprung / Bekenntnis / Volkskirche, Auftrag / Verhältnis zum Staat, Autonomie».

3 Im Unterschied zu den Evangelisch-reformierten Landeskirchen der Kantone (beider) Appenzell (Verfassung 2000, Ordnung 2001), Basel-Landschaft (Verfassung 1952, Ordnung 1956), Bern (Verfassung 1946, Ordnung 1990), Sankt Gallen (Verfassung 1974, Ordnung 1980) und Schwyz (Verfassung 1996, Ordnung 2000) hat Zürich nur eine Kirchenordnung.

men[4], «Grundsätze», quasi das Leitbild, mit dem wir unseren Zweck erklären, und «Bestimmungen», quasi das Regelwerk, mit dem wir unsere Ab-
läufe steuern. – Vorteile: Im Kapitel zwei wird die raison d'être der Kirche,
ihr Auftrag und Ziel, klar erkennbar. Die Bestimmungen im Kapitel drei
können sich bei Bedarf auf Grundsätze beziehen. Ein ordnungsinterner
Referenzrahmen ist gegeben. – Nachteile: Die seit 1868 «bekenntnisfreie»
Zürcher Kirche hat mit dem Kapitel zwei indirekt einen Bekenntnisteil. Im
Unterschied zu den Kapiteln «Bezüge» und «Bestimmungen» kann über
das mittlere Kapitel nicht substantiell abgestimmt werden.[5]

Drittes Modell: Was die grösste Kirche der amerikanischen Reformierten,
die «Presbyterian Church (U.S.A.)», seit 1967 kennt, nämlich das klar un-
terscheidbare Zwillingswerk aus «Book of Confessions» und «Book of Order», kennt auch die Zürcher Kirche, eine «Ordnung der Kirche» *und* ein
«Bekenntnis der Kirche». – Vorteile: Mit einer überlegten Auswahl aus den
altkirchlichen und reformierten Bekenntnissen stellt sich die Zürcher Kirche in die weltweite Familie der Reformierten. Der Gefahr theologischer
Provinzialisierung und gesellschaftlicher Ghettoisierung kann begegnet
werden. Der Weg zu einem eigenen zeitgenössischen Bekenntnis ist ge-
bahnt, ein dauernder Prozess der reformierten Verbindlichkeit und Verbundenheit möglich. Botschaft und Ordnung sind unvermischt und ungetrennt. Die «Ordnung der Kirche» kann nüchtern und anwendungsorien-
tiert als leicht verständliches «manual» formuliert werden. – Nachteile: Es
handelt sich um einen bedeutsamen Paradigmenwechsel. Das 19. Jahrhundert wird definitiv verlassen. Unter Verantwortlichen und Engagierten
muss dafür ein neuer Bund geschlossen werden. Kirchenpolitischer Mut
und prozessbewusste Konsensfähigkeit sind notwendig.

Persönlich favorisiere ich das dritte Modell. Das zweite wäre ein denk-
barer Kompromiss. Das erste würde den Aufwand nicht lohnen. Die folgenden sechs Argumente entsprechen dieser Favorisierung.

---

4 Dazu gehören der Bibelbezug, der theologische Kirchenbegriff, die Zürcher Reformation, die reformierten Bekenntnisschriften, die Verpflichtungen gegenüber dem
   Staat, die demokratischen Rechtsnormen, das Kirchengesetz, gesetzliche Normen
   für Arbeit, Finanzen, Schlichtung etc., die Verpflichtungen im Schweizerischen
   Evangelischen Kirchenbund, Reformierten Weltbund und Ökumenischen Rat der
   Kirchen.
5 Vgl. das «theologische Argument» (u. S. 39).

II. Das referentielle Argument

Worauf bezieht sich eine Kirchenordnung? Weder kann die Kirche erfunden werden, als gäbe es ihre zweitausendjährige Geschichte nicht, noch kann sie unveränderbar sein, als gäbe es ihren zeitgenössischen Kontext nicht. Geschichte wie Kontext setzen Referenzen. Kontextuelle Referenzen müssen vor der Geschichte, geschichtliche vor dem Kontext verantwortet werden. Diese unaufhebbare Dialektik gehört zur fünfhundertjährigen Geschichte der Reformierten, nämlich weder irgendwann in der Geschichte einen normativen Idealzustand von «Kirche» erkennen zu können, der zum unumgänglichen und unüberholbaren Referenzpunkt für alle Zeiten geworden wäre, noch irgendwo im zeitgenössischen Kontext eine Normativität des Faktischen ausmachen zu können, die einen zwingenden Referenzrahmen setzen könnte. Im ersten Fall würden die Historiker die neue Ordnung diktieren, im zweiten Fall die Technokraten. Beide Fälle wären keine reformierten Fälle. Die Kirchenordnung darf weder zum Museum für historisch bedeutsame Grundlagen «der Kirche» werden noch zum Werkplatz für zeitgenössisch vorherrschende Prinzipien der Organisationsentwicklung.

Es scheint mir die kirchenleitende Aufgabe der Theologenschaft zu sein, die historischen wie zeitgenössischen Referenzwerte aufzuzeigen und diesen Bezugsrahmen dialektisch im Blick zu behalten. Die theologische Verantwortung liegt darin, aus der Geschichte das biblisch und reformiert Grundlegende und Unaufgebbare zu benennen und davon angesichts der Gegenwart das Wegweisende und Zukunftsfähige besonders hervorzuheben. Solche Referenzen gehören in die Kirchenordnung. Sie bilden einen ordnungsinternen Referenzrahmen. Und sie müssen nicht zuerst den Technokraten und Historikern, nicht einmal zuerst den Theologinnen und Theologen, sondern zuallererst und jederzeit den «Laien» erkennbar sein. Sie sind es doch, die landauf landab ehrenamtliche und freiwillige Aufgaben übernehmen und dafür den Bezugsrahmen vor Augen haben müssen.

III. Das theologische Argument

Wie kommt die Verbindlichkeit einer Kirchenordnung zustande? Ihre Entstehung ist ein Machtkampf, ihr Ergebnis ein Machtausgleich. Wie jede andere Ordnung ist auch eine Kirchenordnung als Ordnung politischer Natur. Um sie wird gerungen. Der Ordnungsteil der Kirchenordnung spiegelt das ordnungspolitische Handeln von Legislative und Exekutive. Und es löst entsprechendes Handeln aus, denn auch die Auslegung der Bestimmungen, die von Fall zu Fall gemacht werden muss, bleibt dem politischen Kompromiss unterworfen. Das ist courant normal, wo legiferiert und regiert wird. Politik ist die «Kunst des Möglichen», und Inbegriff politischen Könnens ist der erreichbare und durchsetzbare Kompromiss. Insofern ist eine Kirchenordnung als Ordnung der «Spiegel» ihrer jeweiligen Gesellschaft. Die ist es ja auch, die in Gestalt der wahlberechtigten Stimmbürgerschaft an der Urne über ihr Zustandekommen und ihren Bestand entscheidet. Als Ordnung wird sie durch eine Abstimmung verbindlich.

Die Botschaft nicht. Was evangelisch-reformierter Auftrag der real existierenden Kirche ist, was theologisch aussagbare raison d'être von Kirche überhaupt, was Grund der Kirche, kann keiner Abstimmung unterliegen. Die Verbindlichkeit der Botschaft kann nicht hergestellt, sondern will wahrgenommen werden. Kein juristisch legiferierendes Handeln schafft die Botschaft, sondern hermeneutisch theologisierendes Wahrnehmen erkennt sie. Dies aber geschieht in einem Verstehensprozess, nicht in einem Machtkampf. Die Botschaft ist das Gegebene. Sie ist «Salz», nicht «Spiegel» ihrer Welt. Ihr kann nichts Gleiches hinzugetan werden.[6]

Wenn also Botschaft und Ordnung in einem Verhältnis zueinander stehen sollen, dann ist diejenige Darstellung die bessere, welche den fundamentalen Charakterunterschied beider klar erkennbar macht, diejenige die schlechtere, welche ihn verwischt. Während beim Ordnungsteil substantiell über das Was abgestimmt werden muss, kann beim Botschaftsteil nur formell über das Dass entschieden werden.

IV. Das reformierte Argument

Wie haben ältere reformierte Kirchenordnungen das Problem gelöst? Am 28. Mai 1559 verabschiedete die französische Nationalsynode (der Hugenotten) zusammen mit der «Confession de foy» die «Discipline ecclésiastique.» Wilhelm Boudriot bemerkt dazu: «Dies französische Bekenntnis mitsamt der davon unabtrennbaren Kirchenordnung stellt das erste reformierte Bekenntnis einer vollumfassenden, unter dem Kreuz bekennenden grossen Landeskirche dar» und hat als «reinster Ausdruck calvinistischer Schrifterkenntnis» und in dieser Kombination prototypisch auf die Reformierten Schottlands, Englands, der Niederlanden und Westdeutschlands gewirkt. «Das Verhältnis ist dies, dass erstere die unveränderliche Lehre des Evangeliums feststellt, die in den gemäss der Discipline geordneten Kirchen hochzuhalten und durchzuführen ist.»[7] – Die am 13. November

---

6 Vgl. den Essay von Ingolf Dalferth in diesem Band (s. u. S. 63).
7 Vgl. Wilhelm Niesel (Hgg.), Bekenntnisschriften und Kirchenordnungen der nach Gottes Wort reformierten Kirche, Zürich 1938 (NDr 1985), 66–79 (Vorwort von Wilhelm Boudriot auf Seiten 65–66).

1561 verabschiedeten «Ordonnances Ecclésiastiques de l'Eglise de Genève» bestehen aus der Schulordnung, dem Glaubensbekenntnis und der Kirchenordnung.[8] – Der sogenannte «Heidelberger Katechismus», der bis heute zum weltweit wirksamsten reformierten Bekenntnistext geworden ist, wurde am 15. November 1563 für das Herrschaftsgebiet des Kurfürsten von der Pfalz verabschiedet, jedoch so «eingebettet in die Kirchenordnung», dass vor ihm die Formulare für Taufe und Abendmahl, nach ihm Bibelaussagen zu den Aufgaben aller Stände zu stehen kommen, «zweifellos ein bedeutsamer Hinweis darin, dass das Bekenntnis der Kirche nicht für sich steht, sondern in die Ordnungen hineingeschoben ist».[9] In neuerer Zeit waren es die amerikanischen Presbyterianer, die sich 1967 ein «Book of Confessions»[10] und ein «Book of Order»[11] gaben und damit der Dialektik von Botschaft und Ordnung sichtbare Gestalt verliehen.

Die «Theologische Erklärung» von Barmen (1934) wurde erst nachträglich als Bekenntnis taxiert und ist auch nicht mit einer Kirchenordnung verbunden, macht aber in der dritten ihrer sechs Thesen eine Aussage zur Kirche, die mir über den unmittelbaren zeitgenössischen Kontext Nazideutschlands hinaus beachtenswert scheint: «Die christliche Kirche» habe «mit ihrer Botschaft wie mit ihrer Ordnung mitten in der Welt der Sünde als die Kirche der begnadigten Sünder zu bezeugen, dass sie allein sein Eigentum ist», mit der folgerichtigen Verwerfung der «falschen Lehre, als dürfe die Kirche die Gestalt ihrer Botschaft und ihrer Ordnung ihrem Belieben oder dem Wechsel der jeweils herrschenden weltanschaulichen und politischen Überzeugungen überlassen».[12]

---

8 Vgl. Niesel, 43–64 (Vorwort von Ernst Pfisterer auf Seite 42).

9 Vgl. Niesel, 140–218 (Vorwort von H. Klugkist Hesse Seiten 136–140). Letztere Bemerkung ist von den Zürchern im Kopfstand zu lesen.

10 Es enthält bis heute elf Texte: aus altkirchlicher Zeit das Apostolicum und das Nicaenum, aus reformatorischer Zeit die Confessio Scotica, den Heidelberger Katechismus, das Zweite Helvetische Bekenntnis, die Westminster Confession, den Westminster Larger Catechism und den Westminster Shorter Catechism, aus moderner Zeit die Theologische Erklärung von Barmen (1934), die eigene amerikanisch-presbyterianische Confession of 1967 und zuletzt das eigene Brief Statement of Faith (1991).

11 «The Book of Order includes the Form of Government, The Directory of Worship, and the Rules of Discipline», so Clifton Kirkpatrick und William H. Hopper, What unites Presbyterians? Louisville Ky. 1997, 36; vgl. zum «Book of Confessions» Kirkpatrick/Hopper, 38–51 und zum «Book of Order» Kirkpatrick/Hopper, 23–37. Die Texte des Zwillingswerks sind zwar beim Office of the General Assembly in Louisville Ky. erhältlich, auf dem Internet aber leicht zugänglich.

12 Niesel, 336.

V. Das konfessorische Argument

Was bekennt eine Kirchenordnung, die nichts bekennt? Am 28. Oktober
1868 hat die Synode der Zürcher Landeskirche den liturgischen Gebrauch
des Apostolicums für fakultativ erklärt. Strittig war das Eindringen histo-
risch-kritischer Exegese in Theologie und Kirche. So wollte die Synode
einer drohenden Spaltung der evangelisch-reformierten Landeskirche in
eine «positive» Kirche aus Konservativen (mit Tendenz zu biblizistischer
Buchstabengläubigkeit) und eine «liberale» Kirche aus Modernen (mit
Tendenz zur Leugnung fundamentaler Inhalte) zuvorkommen. Gespaltene
Zustände wie in der Waadt oder in Genf sollten Zürich nicht auch ereilen.
Nachhaltige Folgen dieser Freigabe des liturgischen Bekennens sind heute
der Verlust des Bekenntnisbewusstseins, das Fehlen jeglicher Glaubensre-
ferenz[13], das Absterben einer lebendigen Glaubenssprache und die Ab-
koppelung der Schweizer Reformierten von der reformierten Weltfami-
lie.[14] Was «bekennend» heisst, ist weithin ebenso unbekannt wie, was «reformiert» bedeutet.[15]

Es ist gewiss kein «status confessionis» der klassischen Art, kein «Be-
kenntnisstand», in den einst ihres Glaubens wegen Verfolgte und vor dem
Martyrium Stehende geraten sind, aber dramatisch ist das epochale Ver-
dunsten christlicher, evangelischer, reformierter Substanz allemal zu nennen. Wenn weit über drei Viertel der Kirchenglieder von «ihrer Kirche»
nichts mehr erwarten, nahezu die Hälfte austrittsbereit ist und alle Ausge-
tretenen, die einen Grund angeben, die Profillosigkeit der Kirche beklagen,
dann hat sich die «Beweislast» faktisch längst umgekehrt: Wer heute eine
Kirchenordnung schreibt, muss erklären, wieso er *keinen* Bekenntnisbezug
integrieren und *keinen* Referenzrahmen schaffen will. Die 1868 gegen auto-
ritäre Glaubensdiktate erstrittene Freiheit war eines, der heute gegen die
konfessorische Bewusstlosigkeit zu erstreitende aufrechte Gang im Glauben ist ein anderes. Wer heute eine Ordnung *ohne* Botschaft will, wird damit immerhin bekennen, nichts mehr bekennen zu können. Ob so der Gemeindeaufbau gefördert würde?

---

13 Artikel 4 der gültigen Kirchenordnung von 1967 mit der Marginalie «Bekenntnis»
und der Verpflichtung «allein auf das Evangelium von Jesus Christus» genügt nicht
und ist im besten Fall «begging the question» (Artikel 129, der die «Nebenämter» des
Pfarrers regelt, ist übrigens doppelt so lang).

14 Vgl. Matthias Krieg/Hans Jürgen Luibl (Hgg.), In Freiheit Gesicht zeigen (denkMal
2), Zürich 1999, 9–20.

15 Letzterem versucht das neue Zürcher Lesebuch durch Neugier auf Eigenes (anstelle
von Konfessionalismus, Historismus und Chauvinismus) abzuhelfen: Matthias
Krieg/Gabrielle Zangger-Derron (Hgg.), Die Reformierten. Suchbilder einer Identität, Zürich 2002.

VI. Das ekklesiologische Argument

«What unites Presbyterians?» Das Buch, das Clifton Kirkpatrick, als «stated clerk» Amerikas oberster Presbyterianer, 1997 der 209. Generalsynode vorlegte, war vor dem Hintergrund neuerlicher Spaltungstendenzen unter Amerikas Reformierten entstanden. Was verbindet die Reformierten? Wie sie haben wir einen Bedarf nach Verbindendem und Verbundenheit, nach Verbindlichem und Verbindlichkeit. Reformierter Tradition zufolge wäre (keine Reformation, aber) ein «neuer Bund» angezeigt, und eine Kirchenordnung aus Botschaft und Ordnung böte dafür den «neuen Bundestext». Kirkpatrick und Hopper sehen den ekklesiologischen Sinn ihrer beiden «books» im Vorgang des «Verbindens».

Dies geschieht zweifach beim «Book of Confessions»: Der jahrelange Prozess, durch den ein zeitgenössisch verantwortetes Bekenntnis entsteht, ist ein konziliarer Vorgang, der gleichzeitig schriftliche Verbindlichkeiten und menschliche Verbundenheit schafft. Aus Mitgliedern einer Organisation werden Glieder des Christusleibs, aus einem Tendenzbetrieb wird Kirche. Die Bildung eines gemeinsamen Bewusstseins und die Entwicklung einer die Gemeinsamkeiten benennenden Sprache, das baut Gemeinde und bildet Kirche. «The Church believes that forming creeds brings us together.»[16] Wenn ein so entstandenes Bekenntnis durch Beschluss der Generalsynode ins «Book of Confessions» aufgenommen wird, steht es im Ensemble weltweit anerkannter reformierter Bekenntnisse: «The confessions not only unite the Presbyterian Church (U.S.A.); they also unite us with the whole church of Jesus Christ.»[17]

Das «Book of Order» geht vom »Book of Confessions» aus und formuliert in gebotener und ermöglichter Kürze zu Beginn seiner Bestimmungen den Zweck, die raison d'être, die «great ends» der Kirche:

«The great ends of the church are the proclamation of the gospel for the salvation of humankind; the shelter, nurture, and spiritual fellowship of the children of God; the maintenance of divine worship; the preservation of the truth; the promotion of social righteousness; and the exhibition of the Kingdom of Heaven to the world.»[18]

---

16 Kirkpatrick/Hopper, 40 (Die Kirche glaubt, dass die Bekenntnisbildung uns zusammenbringt).

17 Kirkpatrick/Hopper, 41 (Die Bekenntnisse vereinen nicht nur die PCUSA; sie vereinen uns mit der gesamten Kirche Jesu Christi). Letztmals aufgenommen wurde 1991 das 1990 entstandene «Brief Statement of Faith», nachzulesen bei Kirkpatrick/Hopper, 162–164. Auf den homepages amerikanischer Kirchgemeinden nimmt es den Platz ein, den das Leitbild auf den homepages von Firmen und Organisationen hat: Eine presbyterianisch-reformierte Gemeinde bekennt mit ihm öffentlich, wofür sie einsteht.

18 Zitiert bei Kirkpatricik/Hopper, 28 (Die obersten/letzten Zwecke/Ziele der Kirche sind die Bekanntmachung des Evangeliums zur Befreiung/ Rettung des Menschen-

VII. Das praktische Argument

Wer soll die neue Kirchenordnung in die Hand nehmen? Eine Ordnung ist
nur so gut, wie ihre Verwendung gut ist. Wird sie gern verwendet, wird sie
angemessen verwendet, zeigt ihre Verwendung positive Wirkung? Dies
sind Fragen und Anforderungen, die auch an jedes «Manual» gestellt werden. Alle, die in der Kirche Verantwortung tragen, ob behördlich, professionell oder freiwillig, ob lokal, regional oder zentral, alle sollen schnell
nachschlagen und klar Auskunft erhalten können: im «Ordnungsteil», welche Bestimmung ihnen den Weg weist oder in welcher Verordnung sie
detaillierte Regelungen finden; im «Botschaftsteil», welche Grundsätze hinter den Bestimmungen stehen.

Dies wird desto besser gehen, je klarer Botschaft und Ordnung voneinander geschieden und aufeinander bezogen sind. Das Regelwerk lässt sich
verschlanken, wenn es keine theologischen Begründungen nachliefern
muss, aber jederzeit auf die Grundlagen verweisen kann. Aus der klassischen Kirchenordnung kann ein modernes, nüchternes, anwendungsori-
entiertes Handbuch werden.

Michel Houellebecqs eingangs gestellte Leitfrage bleibt im ganzen Roman
unbeantwortet: *«Wie kann eigentlich eine Gesellschaft ohne Religion weiterbestehen?»* Die reine Funktionalität der Religion in einem gesellschaftlichen System, das sich der Mensch nützlich einrichtet, und ihr kundenorientierter
Zuschnitt auf die Individualität, die sich der Mensch als obersten gesellschaftlichen Wert setzt, diese beiden Kriterien jedenfalls sichern ihren Bestand nicht. Sie sind ebenso en vogue wie en passant. Religion ist auch eine überindividuelle, auch eine gesellschaftliche Frage. Und sie ist auch eine
jenseits des Gedankens der Ordnung gestellte, auch eine mit einer Botschaft verbundene Frage.

Ich denke, nur als *Botschaft und Ordnung*, mit beider Gestalt, wird die
Kirche weiterbestehen, und ich denke, nur so, in beiderlei Gestalt, wird die
christliche Religion für den Fortbestand der Gesellschaft Bedeutung haben.

---

geschlechts; der Schutz, die Pflege/Nährung und geistliche Gemeinschaft/Verbun-
denheit der Kinder Gottes; die Sicherstellung/Gewährleistung des Gottesdienstes;
das Einstehen für die Wahrheit; die Förderung sozialer Gerechtigkeit; und die Be-
kundung/Darstellung des Reiches Gottes in/vor der Welt.

Diskussion

Die Kirche und ihre Ordnung

Gesprächsrunde

Grundlage für dieses Gespräch bildete die Sichtung theologisch relevanter Punkte in den Rückmeldungen der Konsultation 2002 zur reform06. Dabei ging es vor allem um die Frage, wie das theologische Profil in der Kirchenordnung zum Ausdruck gebracht werden könne und die Frage danach, was das Wesen, die Gestalt und der Auftrag der Kirche sei. Es diskutierten am 7. Oktober 2002 in Zürich in einer zweistündigen Gesprächsrunde Kirchenrätin Irene Gysel, Kirchenpflegepräsident Daniel Lienhard und Professor Konrad Schmid. Die Moderation und Aufzeichnung übernahm Simone Strohm, Fachmitarbeiterin beim Kirchlichen Informationsdienst. Der mündliche Charakter des Gesprächs wurde bewusst beibehalten.

Simone Strohm: Ist die bisher bestehende Kirchenordnung nicht so gut und in den Grundzügen noch so aktuell, dass sie eigentlich kaum verändert werden sollte. Müsste sie nicht nur durch die neu von der Kirche zu regelnden Aufgaben ergänzt werden? Was meinen Sie Herr Schmid dazu, da ja Ihr Grossvater Gotthard Schmid hauptverantwortlich an der letzten Kirchenordnung mitgearbeitet hat?

Konrad Schmid: Aus meiner Sicht sprechen drei Gründe für eine Revision. Zunächst hängt sie an den Veränderungen am Kirchengesetz: Wird der Rahmen verändert, so muss man auch nach dem, was sich innerhalb dieses Rahmens befindet, neu fragen. Dann ist ein Überdenken deshalb sinnvoll, weil die bisherige Kirchenordnung nun ein knappes halbes Jahrhundert alt ist. Es ist doch so, dass eine Kirchenordnung den aktuellen Stand der Kirche und ihrer Organisation widerspiegelt und dass wir heute an einem anderen Ort stehen als in den sechziger Jahren. Diese Zeitspanne von einem halben Jahrhundert ist übrigens ein Erfahrungswert, der etwa auch bei der Bibelübersetzung in Anschlag gebracht werden kann. Schliesslich kann man in der gegenwärtigen religiösen Situation der Gesellschaft mit ihrer weitgreifenden Orientierungslosigkeit darin eine Chance sehen, neu darüber nachzudenken, was eine Kirche sein soll und was sie leisten kann.

Irene Gysel: Ich denke, dass die bestehende Kirchenordnung tatsächlich sehr vieles sehr gut geregelt und formuliert hat und wir auch vieles übernehmen können. Als vor bald zwanzig Jahren die Zürcher Disputation 84 tagte, wollten schon damals einige Beteiligte die Kirchenordnung erneuern und haben sie sehr genau studiert. Sie hatten vor, die Aufhebung von überstrengen Regelungen und Zwängen zu fordern und waren erstaunt, gar keine solchen zu finden. Unsere jetzige Kirchenordnung ist sehr offen. Sie soll es bleiben. Für gewisse Konfliktregelungen ist sie sogar zu offen formuliert. In einigen Punkten des Konfliktmanagements muss einiges neu überdacht werden. Dazu kommen die Aufgaben, die die Kirche zukünftig im Rahmen der Entflechtung von Kirche und Staat, wenn das Kirchengesetz angenommen wird, selber regeln muss. Es ist eine Chance, durch diesen Prozess wieder neu über alle Facetten unserer Landeskirche nachdenken zu können. Wir haben in den achtziger Jahren im Rahmen der Disputation gemerkt, dass die Diskussionen über eine neue Ordnung identitätsstiftende Wirkung entfaltete.

Daniel Lienhard: Ich glaube nicht, dass eine neu formulierte Kirchenordnung Konflikte vermeiden hilft. Sie wird höchstens die Lösungswege klarer aufzeigen. So ist beispielsweise ein Problem in der Praxis das Verhältnis der Kirchenpflege zur Pfarrschaft. Dies betrifft zwar unsere eigene Kirchgemeinde keineswegs, aber ich höre das immer wieder von anderen Präsidentinnen und Präsidenten. Dieses Verhältnis wird auch in Zukunft immer wieder neu ausgehandelt werden müssen.

Konrad Schmid: Gerade hier macht Grundlagenreflexion einen Sinn und kann Klärung bringen. Wer oder was ist eigentlich ein Pfarrer oder eine Pfarrerin? In der reformierten Tradition ist der Pfarrer kein Zeremonienmeister, sondern zunächst ein Mitglied der Gemeinde wie alle anderen auch – mit dem Unterschied, dass er eine theologische Ausbildung durchlaufen hat. Es scheint aber bei den Kirchengliedern ein grosses Bedürfnis nach der traditionellen Form der «Priesterschaft» zu bestehen. Kirchenpflegen sollten sich dagegen bewusst sein, dass sie Teil des «Priestertums aller Gläubigen» sind.

Irene Gysel: Ich bin aber der Meinung, dass der Pfarrer oder die Pfarrerin durch seine Aufgabe der Seelsorge mehr ist als einfach ein theologischer Angestellter oder eine Angestellte der Kirchgemeinde. Er oder sie trägt eine besondere Verantwortung für die Menschen. Das Amt bedeutet die Verpflichtung, die der Amtsträger oder die Amtsträgerin eingegangen ist, Verantwortung für die geistliche Begleitung der Gemeindeglieder zu übernehmen. Jeder und jede hat diese Begleitung hin und wieder nötig, auch der Pfarrer oder die Pfarrerin selber. Dann soll jemand da sein, der sich

Zeit nimmt und der für diese Aufgabe kompetent ist. Vielleicht müssten wir aber im Rahmen des allgemeinen Priestertums über eine Möglichkeit der Delegation nachdenken und diese klar umschreiben.

Konrad Schmid: Die Verantwortung des Pfarramtes besteht aber auch darin, die Mitglieder zu befähigen und zu motivieren, eigenständig am Aufbau der Gemeinde mitzuwirken, sodass nicht das ganze Gemeindeleben an der Person des Pfarrers hängt und bei dessen Weggang in sich zusammenfällt.

Daniel Lienhard: Da spielt aber das nicht immer einfache Verhältnis zwischen bezahlten Profis und schlecht entschädigten «Ehrenämtlern» hinein. Gerade in aufwändigen gemeinsamen Projekten arbeitet man da auf sehr unterschiedlicher Basis. Manchmal ist es für uns schon rein aus Kapazitätsgründen naheliegend, einiges an den Pfarrer zu delegieren.

Konrad Schmid: Die Aufgaben sollten möglichst so verteilt werden, dass von der Sachkompetenz ausgegangen wird, denn erst aufgrund von ihr kann Führungskompetenz zugesprochen werden. Unsere demokratische Struktur verunmöglicht ein hierarchisches Prinzip nur der Macht wegen. In der Tendenz scheinen sich viele aber nach klareren Hierarchien zu sehnen.

Simone Strohm: Wenn wir auf Grundprinzipien der reformierten Landeskirche zu sprechen kommen, möchte ich Sie nun fragen ob wir die Form der Kirchenordnung nicht neu gestalten sollten. Es hat sich ja gezeigt, dass die ersten Artikel der bisherigen Ordnung grosse Diskussionen auslösen und das Bedürfnis nach Grundsätzen, nach Profil, Identität und Bekenntnis stark zum Ausdruck kommt. Sollten wir nun Ihrer Meinung nach ein «book of confessions» und ein «book of order» einführen?

Irene Gysel: Sie können doch kein Haus bauen ohne zu sagen, wofür es gebraucht werden soll oder auf welchem Boden es stehen soll. So ist es für mich undenkbar, die Artikel zur Kirche, zu ihrem Ursprung, Auftrag und Bekenntnis herauszutrennen. Ich finde den Artikel 2 gut formuliert: Die Kirchenordnung hat der Kirche als Raum und Werkzeug zu dienen. Sie ist keine heilige Ordnung, sie dient den Menschen zum guten Zusammenleben und soll, wo nötig, immer wieder angepasst werden.

Konrad Schmid: Ich bin auch gegen eine solche Trennung. Es ist notwendig, dass eine Kirchenordnung einleitend über ihre elementarsten Grundsätze, nach denen sie konzipiert ist, Auskunft gibt, und es ist sinnvoll, diese im selben Rechtscorpus zu belassen. Zudem führt die Bezeichnung «book of confessions» und «book of order» etwas in die Irre: Die Presbyterianer in den USA kennen eine solche Unterscheidung. Ihr «book of confessions» dient aber vor allem dem Zweck der innerpresbyterianischen Ökumene: Es umfasst die verschiedensten Bekenntnistexte, die in den presbyterianischen Kirchen eine Rolle spielen, vom Nizänum über den Heidelberger Katechismus bis zur Theologischen Erklärung von Barmen. Das «book of order», das Regelwerk der Presbyterianer fängt seinerseits dann genau und ganz zu Recht mit solchen Grundsatzüberlegungen an, wie sie unsere Kirchenordnung in den Paragraphen 1–6 bietet.

Daniel Lienhard: In den Diskussionen, die wir im Rahmen der Konsultation 02 führten, war es sehr schwer, einzelne Artikel zu besprechen ohne immer wieder auf fundamentale Grundsatzfragen zu kommen, die in Richtung Leitbild und Bekenntnis gingen. Die Fragen in der Vernehmlassung waren inkonsistent und für meine Begriffe wild durcheinander auf ganz verschiedenen Ebenen angesiedelt. Ich hatte mir damals gewünscht, Leitbild und Regelungen voneinander zu trennen. Jetzt in unserem Gespräch wiederum leuchtet mir ein, dass man die Grundsatzfragen nicht trennen kann von den konkreten Umsetzungen in der Praxis.

Irene Gysel: Wir dürfen das Projekt der reform06 nicht mit einer Reformation verwechseln. An der Aussprachesynode hat uns Klaus Douglass aufgerufen, doch den Mut für eine grundlegende Reformation zu haben. Das halte ich für falsch. Die Reformation entstand durch eine tiefgreifende Erfahrung von Befreiung aus Ängsten und aus Glaubensnöten. Die Menschen wurden von der Frohbotschaft gepackt und verändert. Das machte die alte Ordnung unbrauchbar. Um eine neue Ordnung haben sie gerungen, zum Beispiel mit den Täufern, die alle Ordnungen aufheben wollten. Eine solche Reformation ist nicht machbar. Da müssen wir uns schon mit einer einfachen Reform begnügen. Aber auch sie bedeutet eine grosse Chance, nur dürfen wir sie nicht überfrachten.

Konrad Schmid: Die Position von Klaus Douglass ist aus meiner Sicht auch zu stark davon geprägt, dass er die Kirche als Dienstleistungsbetrieb auf vorhandene Bedürfnisse abstimmen will. Die Kirche muss nicht von uns «gemacht» oder «produziert werden», sondern sie ist immer schon da, und ihre Ordnung soll so wenig wie möglich, aber soviel wie nötig regeln, damit sie sachgemäss und zeitgemäss funktionieren kann. Wie sehr die Kirchenordnung mit der Zeit geht, kann man etwa am Beispiel der Patenschaft sehen: Heute steht dazu im Artikel 61b: «Die Paten sollen einer christlichen Konfession angehören.» In ihrer Erstfassung von 1967 musste noch mindestens ein Pate evangelisch sein, das wurde dann auf Katholiken aufgeweitet und heute haben wir, den Realitäten folgend, nur noch eine Soll-Bestimmung.

Irene Gysel: Auch das Gegenteil war der Fall. Die Kirchenordnung von 1967 war in einigen Punkten so offen, dass sie in den achtziger Jahren wieder enger gefasst wurde. 1967 hatte man, im Hinblick auf das allgemeine Priestertum, bewusst offen gelassen, wer tauft. Nach der Disputation 84 wurden entgegen ihren Intentionen als Taufende ausdrücklich der Pfarrer oder die Pfarrerin vermerkt.

Simone Strohm: Das Bedürfnis nach Profil und Identität entsteht oft innerhalb des interreligiösen und ökumenischen Gespräches. In dem Zusammenhang wird einerseits nach mehr Profil, andererseits nach Öffnung gerufen. Oft besteht die Gefahr, dass wir Kirche nur für unsere Mitglieder sind oder nicht mehr wissen, wo wir denn im Gegensatz zu den anderen stehen. Sie sagen, wir sehen innerhalb der konkreten Ordnungsartikel, was unsere Kirche ausmacht. Aber viele können diesen Abstraktionsgrad nicht leisten. Die ganze Kirchenordnung durchzulesen und durchschimmern zu sehen, was es bedeutet, reformiertes Mitglied zu sein, ist eine Überforderung. Sollte die Landeskirche zusätzlich zur Kirchenordnung ein Leitbild entwerfen? Soll jede Kirchgemeinde einzeln basierend auf der Kirchenordnung ein Leitbild für sich entwerfen oder kann eine Profilbroschüre hier nachhelfen? Ist es für eine neue Kirchenpflegepräsidentin, einen neuen Kirchpfleger eine Pflicht, die Kirchenordnung von A bis Z zu lesen? Müssen wir sie dafür nicht anders formulieren? Oder ist sie nur ein Gesetzestext, den wir vornehmen, wenn es einen Konflikt gibt?

Konrad Schmid: Dieses Problem tritt nicht nur bei der Kirchenordnung auf, sondern nahezu bei jedem Geschäft, das mit Grundsatzfragen der Kirche etwas zu tun hat. Es zeigt sich hier ein Bewusstseinsschwund in der Zürcher Kirche, dass sie sich oft kaum mehr im Klaren ist, was sie eigentlich ist, wie sie gedacht ist, aus welcher Tradition sie kommt. Man würde wohl die Kirchenordnung tatsächlich überfrachten, wenn man dieses Problem nun über sie lösen wollte. Das ist Aufgabe der kirchlichen Erwachsenenbildungsarbeit, die ja stattfindet und die zum Beispiel mit Theologiekursen seit Jahren ein ausserordentlich attraktives und erfolgreiches Konzept besitzt. Trotzdem sollte die Kirchenordnung nicht nur den status quo dokumentieren, sondern auch steuern. Sie kann so etwas wie eine Bewusstseinsschärfung erbringen. Wenn unsere Frage ist: Soll eine Kirchenordnung lesbar sein? so meine ich, dass sie zumindest so lesbar sein muss, dass die Leute sie gerne zur Kenntnis nehmen und mit ihr arbeiten, vor allem von jetzt bis 2006, wo sie im Entstehen begriffen ist. Ansonsten ist sie kein Text, den man sich auf den Nachttisch legt, sondern es ist ein Text, der bei Orientierungs- und Regelungsbedarf hervorgezogen werden soll. Was das Mass der theologischen Grundlagenreflexion betrifft, so sollte man die Kirchenordnung möglichst schlank belassen. An Grundsatzartikeln soll

nur das expliziert werden, was wichtig ist, um von daher eine Kirchenordnung zu entwickeln.

Irene Gysel: Ich würde doch meinen, jedes kirchliche Behördemitglied sollte
diese Kirchenordnung mindestens einmal gelesen haben. Es soll sie nicht
auswendig lernen, aber eine Ahnung davon haben, was geregelt ist und
was offen bleibt, und wo man im Konfliktfall nachschauen kann. Dazu
muss die Kirchenordnung verständlich sein, aber das ist auch die Jetzige
schon.

Simone Strohm: Könnte man nicht zumindest in der Gestaltung mit Bildern
oder Farben nachhelfen oder soll es ein Gesetzestext bleiben?

Irene Gysel: Es soll ein Gesetzestext bleiben. Da noch viel Geld hineinzu-
buttern mit Fotografien etc. wäre unnötig, sie würde damit auch viel
schneller veralten.

Daniel Lienhard: ... das und da red ich jetzt eher von meinem Beruf als
Grafiker: Illustration ist auch Inhalt. Ich möchte keine Seite illustrieren
müssen. Es gibt nachher eine zweite Konsultation übers Bild und am Ende noch über die verwendeten Farben. Wer entscheidet dann, was man
nochmals streicht und was man in ein Kästchen bringt?

Simone Strohm: Es war eine Frage der Konsultation, ob das Erscheinungsbild der Landeskirche und ihrer Kirchgemeinden in der Kirchenordnung
verankert werden sollte, was kritische Rückmeldungen auslöste, da dies
einen Eingriff in die Gemeindeautonomie zur Folge hätte. Gibt es Aspekte
der Gemeindeautonomie, die das Profil der gesamten Landeskirche gefährden können? Also auch das Bewusstsein und das Anerkennen davon,
als Kirchgemeinde Teil der gesamten Landeskirche zu sein; nicht nur als
Abgrenzung. Auch im Wissen darum, dass die Öffentlichkeit die Landeskirche heute nicht mehr nur über die Kirchgemeinde erfährt. Müssen wir
da nicht mehr auf die Realität der heutigen Gesellschaft eingehen? Passie-
ren Fehler innerhalb der Öffentlichkeitsarbeit einer Kirchgemeinde, leidet
sehr schnell die gesamte Landeskirche darunter. Ausserdem bewirkt die
heutige Mobilität so viele Ortswechsel innerhalb einer Biografie, dass es
wichtig ist, den Absender klar und deutlich zu kommunizieren.

Daniel Lienhard: Ich finde halt die Frage der Gemeindeautonomie ohnehin
inkonsequent übers Ganze gesehen. Du hast vorher das Erscheinungsbild
angesprochen. Ich glaube nicht, dass man die grundsätzlichen Fragen darüber löst.

Konrad Schmid: Der heute verbreitete Ruf nach reformierter Identität ist ein Stück weit auch zeitgeschichtlich bedingt. Vor 30 Jahren wäre das so nicht denkbar gewesen, dass die einzelnen Konfessionen ihre Identität geradezu zelebrieren, da hätte man wohl eher dafür gesorgt, möglichst bald wieder zusammen unter ein christliches Dach zu finden. Heute ist Pluralismus kein Schimpfwort mehr, sondern wird als eine Chance begriffen, und da sagt man nun: wir wollen bewusst reformiert sein, wir wollen bewusst Lutheraner sein. Das ist auch berechtigt; ökumenische Einheitskonzepte haben meiner Meinung nach ausgedient. Weder müssen alle katholisch werden, noch müssen alle protestantisch werden, sondern jede Tradition hat ihre eigene Chance und ihre eigenen Stärken, das Christentum zu leben. Es ist viel wichtiger, jeweils in die Tiefe zu gehen, als in allen Fragen zusammen zu finden.

Es lässt sich vielleicht sagen, dass gerade die Gemeindeautonomie, die Vielfalt innerhalb einer Landeskirche ein spezifisches Kennzeichen reformierter Identität ist. Wer sich daran stört, könnte dies auch über die neue Kirchenordnung kaum ändern. Sie kann höchstens Identität dokumentieren, wenn es sie denn gibt, aber sie kann sie nicht herstellen. Das ist dasselbe Problem, wie wir es bei der Bekenntnisfrage vor zwei Jahren hatten. Man kann nicht ein Bekenntnis einführen, um Identität zu produzieren, sondern man kann allenfalls mit einem Bekenntnis eine Identität, die schon da ist, dokumentieren. Wenn das als Notstand empfunden wird, dass wir zu wenig gemeinsame «corporate identity» haben, dann würde ich hier wieder als angemessensten Lösungsweg die religiöse Erwachsenenbildung sehen, damit wir das Ideal, das offenbar den religiösen Bedürfnissen auch zuwider laufen kann, nämlich das Ideal des allgemeinen Priestertums, ein Stück weit wieder der Realität annähern können.

Irene Gysel: Wir müssen klarer die unterschiedlichen Ebenen voneinander trennen. In vielen organisatorischen Angelegenheiten müssen die Kirchgemeinden autonom bleiben. Was auf der Ebene der Kirchgemeinde gelöst werden kann, soll dort gelöst werden. Dann gibt es aber auch Aufgaben, die auf der höheren Ebene sehr viel einfacher zu lösen sind. Um ein Beispiel zu nennen: da sind die Finanzierungsfragen der Spitalseelsorge. Einige findige Köpfe haben angefangen auszurechnen, wer für welche Seelsorge bezahlen müsse, wenn Menschen aus umliegenden Gemeinden in städtischen oder kantonalen Krankenhäusern betreut werden, oder Patientinnen und Patienten aus der Stadt irgendwo auf dem Lande. Sie kamen auf überaus komplizierte Verrechnungsmöglichkeiten. Da wird sofort klar: Es gibt Aufgaben, die kantonal geregelt werden müssen. Dabei kann man in diesem Fall durchaus differenzieren und die Personalverantwortung auf der regionalen Ebene belassen. Die Fragen der Zuständigkeiten werden ja jetzt sorgfältig analysiert, vor allem im Hinblick auf die neuen Aufgaben, die vom Staat an die Kirche übergehen sollen.

Das Erscheinungsbild der Landeskirche würde ich auf einer anderen Ebene sehen. Es ist ein heikler Punkt. Ich würde sagen, es ist ein Minimum, dass wir alle den selben Namen haben, dass wir alle evangelisch-reformierte Gemeinden sind. Es gibt heute Kirchgemeinden im Kanton, die nennen sich evangelisch, andere sind nur reformiert. Das geht zu weit. Wir müssten uns unter einem grossem Dach finden können, sonst sind wir keine gemeinsame Institution. So etwas müsste in der neuen Kirchenordnung stehen. In den Firmen ist übrigens das Erscheinungsbild ein Heiligtum und klar Chefsache. So soll es in der Kirche nicht sein. Aber gerade angesichts seiner Relevanz in der Wirtschaft dürfen wir die Frage des Erscheinungsbildes nicht unterschätzen.

Konrad Schmid: Die Gemeindeautonomie hat auch ein theologisches Fundament. Es ist ein bewusster Entscheid zu sagen, die politische Kirchenstruktur solle dieselbe sein wie die staatliche, weil in der Kirche nicht irgendwelche eigenen Sakralregeln gelten, weil es keine klerikalen Privilegien gibt, die das legitimieren würden. Das ist eine Besonderheit der Schweiz, schon in Deutschland ist das anders. Da wird zum Beispiel wechselweise von der Kirchenleitung und der Gemeinde bestimmt, welchen Pfarrer eine Gemeinde bekommt: Den einen Pfarrer darf die Gemeinde wählen, den nächsten bekommt sie gestellt. Bei uns ist freier Markt; nicht, weil das die in jeder Hinsicht die optimalste Lösung ist (das deutsche Modell hat auch seine Vorteile), sondern weil es die fairste und rationalste Lösung ist. Man kann der Demokratie vorwerfen, sie sei eine schlechte Staatsform, aber sie ist unter den gegebenen Bedingungen die bestmögliche und deshalb ist es sinnvoll, dass auch die Kirche so organisiert ist.

Simone Strohm: Ist das Bewusstsein über diese demokratische Struktur bei uns genügend ausgeprägt? Wissen wir, was mit dem Begriff «Landeskirche» gemeint ist?

Irene Gysel: Das Problem mit dem Begriff «Landeskirche» ist erkannt.

Daniel Lienhard: Da unterscheidet sich Kirche nicht von der Politik. Dass am Stammtisch gegen «die da oben» geschimpft wird, gehört zum System. Diese Stimmung könnte aber durch direktere Kontakte verbessert werden.

Konrad Schmid: Natürlich gibt es auch relative Vorteile einer nicht egalitären Struktur. Es hat eine entlastende Funktion, nicht verantwortlich zu sein und sagen zu können: «die da oben ...». Trotzdem hat die demokratische Struktur so augenfällige Vorteile, dass sie durch solche Überlegungen nicht konkurrenziert wird. Auch wenn sie nicht immer die optimalsten Entscheide mit sich bringt, so lässt sich doch generell feststellen, dass man lieber mit einem selbstgewählten Unglück, als mit einem fremdbestimmten Glück lebt.

Irene Gysel: Neben Organisation und Erscheinungsbild gibt es noch eine andere Ebene, die mir wichtig wäre: Das Bewusstsein, gemeinsam Kirche zu sein. Ich denke, wir betreiben viel zu wenig leidenschaftlich Theologie. Zu wissen, wir sind gemeinsam die evangelisch-reformierte Landeskirche, auch etwas mutiger gewisse Dinge in den Raum zu stellen, zu sagen «wir sind so und nicht anders» und es theologisch begründen zu können, das wünsche ich mir manchmal sehr. Darüber müsste diskutiert und gestritten werden. Diese Kultur, dieser Streit um theologische Grundfragen fehlt mir. Vielleicht habe ich ihn aber einfach noch nicht bemerkt. Gibt es in unserer Kirche oder an der theologischen Fakultät eine Frage, die im Augenblick so wichtig ist, dass darüber mit Leidenschaft gestritten wird?

Konrad Schmid: Ja ich denke schon. Dass es diese Streitkultur in der Kirche weniger gibt, hängt wahrscheinlich mit dem Unterschied von Religion und Theologie zusammen. Man kann ja Theologie definieren als das Nachdenken über Religion. Theologie versucht zu analysieren, was in der gelebten Religion geschieht. Und für die Religion hat sich nun einmal in den achtziger und neunziger Jahren herausgestellt, dass sie etwas sehr «Weiches» geworden ist. Es ist kein Problem mehr, morgens am Radio keltische Musik zu hören, am Nachmittag einen aztekischen Regentanz aufzuführen und am Abend noch in einen Gottesdienst zu gehen. Das schliesst sich nicht mehr aus, die Studie von Campiche/Dubach spricht von «bricolage»-Religiosität. Sogar in einer Person selber können vorher konfligierende Verhaltens- und Denkweisen jetzt zusammengebracht werden. Was die Nächste oder der Nächste links und rechts macht, das ist damit ohne weiteres kompatibel, wenn es für sie oder ihn «stimmt». Durch diese religiösen Strukturen kann im Ansatz kaum ein Streit entstehen, nicht einmal in mir selber, geschweige denn mit dem Nächsten. In der Theologie ist es da von Grund auf anders. Nur schon das Argument «wenn es für dich stimmt», ist logisch nicht einsichtig. Denn wenn es stimmt, stimmt es eben nicht nur für mich, sondern es stimmt, aus meiner Sicht, auch für die andern. An solchen Punkten fangen die Theologen sofort an zu debattieren.

Simone Strohm: Wir haben am Anfang gesagt die Kirchenordnung soll ein Werk sein, das Raum und einen Ort gibt, um als Kirche zu funktionieren. Wenn wir sagen, diese Ordnung soll vierzig Jahre dauern, und wenn wir davon ausgehen, dass in nur schon zehn bis zwanzig Jahren die Kirchen so leer sind, dass wir sie vermieten oder verkaufen müssen, so frage ich: Wie weit müssen wir aktuelle Entwicklungen, wie wir sie in der heutigen Zeit wahrnehmen, einfach potenzieren auf die nächsten vierzig Jahre und in der Kirchenordnung berücksichtigen und vorwegnehmen oder inwiefern blenden wir gewisse Realitäten aus?

Irene Gysel: Ich möchte die Zeitachse ausblenden. Ich möchte auch nicht den Zweck der Kirchenordnung darin sehen, dass die Kirchen wieder gefüllt werden, diese Frage müssen wir anders angehen. Ich möchte ganz bei der Sache selber bleiben. Die Kirche ist ein Ort, wo Gottes Wort gehört wird. Das heisst nicht, dass es der einzige Ort dafür ist. Das Wort Gottes kann überall gehört werden. Aber sollte es zum Beispiel an anderen Orten nicht mehr weitergegeben werden, so ist ihm der Platz in der Kirche garantiert. Das heisst für mich, dass wir unsere Kirchen nicht aufgeben dürfen. Auch wenn niemand mehr kommen sollte, bliebe es wichtig, dass in den Kirchen weiterhin gebetet wird. Auch wenn nur noch zwei oder drei anwesend wären, sollten sie weiterhin singen, beten und die Texte lesen können. Das befreiende Wort Gottes und dass es hier gehört werden kann, ist das Wichtige. Die Kirchenordnung soll dafür den Rahmen bieten.

Simone Strohm: Gibt es nicht in der Frage der Regionalisierung, der Zusammenführung oder Umverteilung von Aufgaben bereits Ansätze, innerhalb der neuen Kirchenordnung auf Veränderungen zu reagieren?

Konrad Schmid: Die Kirchenordnung müsste im Grunde genommen das sein, was die Verfassung für den Kanton Zürich ist, die sagt: Der Staat Zürich gibt sich folgende Verfassung. Das Subjekt der Kirchenordnung sind die Angehörigen dieser Kirche und nicht die Kirchenleitung. Der Kirchenrat hat die Aufgabe, einen Vorschlag zu liefern, aber die Entscheidung, ob wir das Pfarramt abschaffen, wie das Klaus Douglass vorgeschlagen hat, oder wie viel Konfliktbewältigungspotential wir in dieser Kirchenordnung jetzt verankern, das liegt in unserer Verantwortung. Das müssen die Kirchgemeinden und die Angehörigen der Landeskirche selber entscheiden. Man kann in der Kirchenordnung nicht irgendeine Vision festschreiben und dann hoffen, dass es schon gut kommt, sondern man muss in der Kirchenordnung festhalten, was sich in unserer Kirche als Steuerungsmomente bewährt hat. Die Zeitachse würde ich dabei nicht ganz ausblenden, sondern an bestimmten Stellen sollte bewusst gefördert und auch innoviert werden, was Zukunftspotential hat.

Irene Gysel: Aber nicht bereits Entscheide treffen, und dann noch solche, die andernorts nicht zum angestrebten Ziel geführt haben. Wir hörten von Orten, wo Gottesdienste regional zusammengelegt wurden und sich daraufhin die Anzahl der Gottesdienstbesucher und -besucherinnen insgesamt gerade mal halbierte. Man geht eben doch noch gerne dort in die Kirche, wo man zu Hause ist.

Daniel Lienhard: Und es gibt diesen vorauseilenden Gehorsam, das ist etwas Tödliches. Du hast Hoffnung gesagt, ich würde nicht mal Hoffnung sagen, das klingt auch schon so, wie wenn die Flut stiege und man nur noch ganz wenig Boden hätte. Wir müssen uns daran gewöhnen, dass wir zunehmend Mitglieder haben, die uns als Stellvertreter ansehen. Sie sagen mir auf der Strasse, das war gut, was ihr im Kirchenboten geschrieben habt, aber die kämen nie auf die Idee, in die Kirche zu gehen. Andererseits glaube ich, sie würden sich wehren, wenn unsere Kirche geschlossen würde. Ich gehe kaum ins Opernhaus, weil mir Opern nichts sagen, aber wenn das Opernhaus auf der Kippe stehen würde, würde ich dafür kämpfen dass es nicht einginge. Es gibt Leute, die sich zugehörig fühlen und mitleben, aber nur aus Distanz, über Medien, über Papier – aber sie leben mit.

Irene Gysel: Das kann man so auch vom Beten sagen. Menschen, die nie in eine Kirche gehen, bekennen sich plötzlich wieder öffentlich dazu, dass sie für sich allein beten. Das wäre noch vor Jahren ohne spöttische Nebenbemerkung nicht denkbar gewesen. Der Spott ist plötzlich verschwunden. Wir spüren, dass wir das Beten nötig haben. Die Kirche könnte sich neu die Aufgabe geben, für die anderen Menschen zu beten, auch wenn sie fern bleiben. Es wäre schön, wenn wir sagen könnten: Wir halten das durch in den Kirchen, auch wenn wir nur zu zweit oder zu dritt sind. Wir geben den Kirchen neues Gewicht als sichtbare und erfahrbare Orte des Gebets für die ganze Welt.

Daniel Lienhard: Der Unterschied zum Staat ist natürlich schon, dass man beim Staat als Steuerzahler nicht austreten und sagen kann, wir haben jetzt keine Lust mehr.

Konrad Schmid: Der Artikel 1 der jetzigen Kirchenordnung würde auch noch gelten, wenn es die Landeskirche nicht mehr geben würde: Die Kirche ist überall dort, wo Gottes Wort gehört wird. Damit wird die unsichtbare Kirche in den Blick genommen, die überall und jederzeit stattfinden kann, wo das Evangelium und Evangeliumsgemässes gehört wird. Deshalb existiert die Kirche nicht, weil wir sie wollen oder weil wir sie in Kraft halten, sondern sie existiert, weil es das Evangelium gibt. Unsere Aufgabe ist es, einen entsprechenden Raum und ein dementsprechendes Werkzeug zu gestalten, das dem heutigen Stattfinden von Kirche hier im Kanton Zürich entspricht. Das ist die Aufgabe der Kirchenordnung.

Irene Gysel: Ich möchte auf die Kirchenräume und die unsichtbare Kirche noch einmal zurückkommen. Es wäre ja unsere Aufgabe, wenigstens einen kleinen Teil der unsichtbaren Kirche sichtbar werden zu lassen, damit sie auch erfahrbar werden kann. Und darum meine ich, müssen wir unseren Kirchenräumen Sorge tragen und betonen, dass nicht alles in diese Kirchen reinpasst. Sie sollen ja auch ein Gesicht haben. Wir haben den Auftrag für die unsichtbare Kirche Räume zu schaffen. Räume wo gebetet und das Wort Gottes gehört wird. Natürlich ist es schön, wenn ein Gebet zum Tanz wird, aber das ist etwas anderes. Discos passen nicht in Kirchen.

Konrad Schmid: Ich würde das auch nicht befürworten, sondern nur sagen, man sollte nicht damit argumentieren, dass der Kirchenraum als Gebäude ein heiliger Ort sei. Heilig ist die Kirche nur durch das Wort Gottes, das darin verkündet und gehört wird.

Simone Strohm: Eine Kirchgemeinde hat im Rahmen offener Gesprächsgruppen zur Zukunft der Kirche beispielsweise einen Glaubenssatz aufgenommen, der heisst: «Gottesdienstliche Formen sind nicht beliebig, aber sie müssen flexibel sein.» Das wird auch eine Aufgabe der Kirchenordnung sein, diese Flexibilität, Deutbarkeit und Offenheit zuzulassen und doch die Grenze des nicht Beliebigen zu setzen.
Ich möchte zum Abschluss des Gespräches gerne fragen, was Sie denen, die an der Ausarbeitung der neuen Kirchenordnung sind, mit auf den Weg geben? Wo aufzupassen ist, wo Mut zu haben ist, damit diese Kirchenordnung in den kommenden Jahren für die Landeskirche ein sinnvolles Instrument ergibt.

Konrad Schmid: Es ist nicht meine Aufgabe, etwas mit auf den Weg zu geben, ich kann höchstens selbstkritisch für mich selbst sprechen und mir vornehmen, das einzubringen, was mir wichtig erscheint, und wenn es konsensfähig ist, dann ist es gut, und wenn nicht, dann war es offenbar nicht gut. Ein Grundanliegen wäre die Bewahrung der gegen aussen etwas dürr und dürftig erscheinenden Tradition der Zürcher Kirche. Unsere Gottesdienste sind nicht sehr lebendig, und das wird von vielen als Mangel empfunden, ich finde aber, dass das auch eine gediegene und ehrwürdige Art sein kann, Gottesdienst zu feiern. Ich weiss, dass die Zürcher Kirche schwach ist in liturgischen Angelegenheiten, aber ich würde versuchen, diese religiöse Dürftigkeit als eine Chance wahrzunehmen: Sie steht dafür, dass die Zürcher Kirche wahrhaftig sein will und auf Quacksalberei und Scharlatanerie heikel reagiert.

Daniel Lienhard: Ich kann es vielleicht in einem Bild sagen: Ich möchte ermutigen, dass, wenn man das Haus aufräumt, man vielleicht gewisse

Zimmer etwas anders einrichtet. Ich würde nicht nur Ordnung machen, sondern auch den Mut haben, irgendwo etwas umzustellen. Es muss nicht nur ordentlich sein, es muss auch neu werden. Das wünsche ich mir.

Irene Gysel: Das entspricht mir sehr. Ich habe lange mit dem Bild vom Haus über die Kirchenordnung nachgedacht. Es gibt Häuser, in denen jede Ecke ihre Funktion hat, die Pulte unverrückbar fixiert sind und man nur ganz leise zu sprechen wagt. Es gibt aber auch die Markthalle, wo die Stände jeden Tag neu platziert werden und der Lauteste der ist, der am Abend am Meisten verkauft hat. Wer dort etwas haben will, muss mit den Ellenbogen dafür kämpfen. Beides gefällt mir nicht. Ich wünsche mir ein Haus zum Wohnen mit Zimmern, deren Türen meistens, aber nicht immer offen stehen, und mit Zuständigkeiten, die klar aber nicht unverrückbar geregelt sind.

Daniel Lienhard: ... und Fenstern gegen aussen!

Irene Gysel: Einmal ein bisschen Durchzug tut gut, aber man darf es auch einmal warm und gemütlich haben. Eine Ordnung muss sein, sonst entstehen Machtkämpfe, die alles nur erschweren, und auf die wir verzichten können.

Simone Strohm: Mein Wunsch ist, dass die Ordnung realitätsnah bleibt, dass man die Realitäten zuerst gut analysiert, diesen Realitäten ihren Platz gibt und nicht nur den Vorstellungen von dem, was sein sollte, müsste oder könnte. Ganz sachlich sollten wir schauen, mit welchen Ressourcen die Landeskirche was bewirken kann. So wünsche ich mir ein ganz offenes, ehrliches Hinschauen und dann das Hinstellen dieser Rahmenbedingungen.

Irene Gysel: Wenn ich das tue, wenn ich genau hinschaue, sehe ich schnell, dass es immer wieder Konflikte gibt, die mit der bisherigen Kirchenordnung nicht gelöst werden können. Ich denke, das sind die Brennpunkte. Visionen kann man nicht durch eine Ordnung herbeizaubern und das muss man auch nicht. Aber man muss schauen, dass es möglichst wenig Reibungsfläche gibt, das wird das erste sein. Und dann kommt das dazu, was der Staat nicht mehr ordnet.

Konrad Schmid: Bevor wir hier die Visionen ganz ausklammern: Mir wäre das Projekt etwas zu eng gefasst, wenn wir die neue Kirchenordnung als eine Pannenbehebungsliste entwerfen. Die Kirchenordnung sollte von einem Artikel 1 aus gedacht sein – der der Sache nach gleich lauten sollte, wie der jetzige: «Kirche ist überall, wo Gottes Wort gehört wird» – und aufgrund dessen versuchen, die Kirche in eine solche Organisationsform zu bringen, dass das Evangelium wahrgenommen werden kann. Es ist ein Grundgedanke des Neuen Testaments, dass das Evangelium ein schwaches Wort ist. Ihm Gehör zu verschaffen, das sollte eine Kirchenordnung mit sich bringen können.

Irene Gysel: Liebend gerne hätte ich die theologische Auseinandersetzung. Ich möchte die Konflikte eigentlich weg haben von den alltäglichen Zwisten darum, wer was darf, hin zur Auseinandersetzung über das Wort Gottes.

Daniel Lienhard: Also die Kirchenordnung müsste die Sachen so gut regeln, dass man wieder über die Theologie streiten kann.

Simone Strohm: Das ist eigentlich das Ziel.

Irene Gysel: Natürlich. Welches ist die frohe Botschaft und wie soll der erste Artikel genau aussehen. Vor allem den christologischen Satz möchte ich dort ganz anders haben. Wenn wir darüber streiten könnten, das wäre schön.

Konrad Schmid: Eben da würde dann vielleicht auch schon wieder Kirche stattfinden, nach Artikel 1.

Elemente

Was nicht zur Debatte steht

Ingolf U. Dalferth

Die evangelisch-reformierte Landeskirche des Kantons Zürich ist im Rahmen des kantonalen Rechts autonom. So regelt es das Kirchengesetz. Diese Autonomie ist nicht unbegrenzt. Die Landeskirche hat nicht nur kantonale Gesetze zu beachten, sie hat Vorgaben, die für sie als Kirche unantastbar sind. Ihr Name bringt sie zum Ausdruck: Sie ist *evangelisch,* weil sie «mit ihren Gliedern allein auf das Evangelium von Jesus Christus verpflichtet» ist und keinen anderen Auftrag kennt, als dieses Evangelium mit ihrem Glauben, Lehren und Leben zu bezeugen (KO Art. 4). Und sie ist *reformiert,* insofern sie sich immer wieder kritisch an ihrem Auftrag und damit am Evangelium orientiert.

Ihr Name ist deshalb Programm – Reformprogramm. An ihrem Auftrag, durch Wort und Tat das Evangelium zu bezeugen, hat sie alle Forderungen, Wünsche und Erwartungen zu messen, die von innen und von aussen an sie herangetragen werden. Das Recht zur Autonomie ist für sie die Pflicht zur alleinigen Orientierung an ihrem Auftrag, auch und gerade bei der Neugestaltung ihrer Ordnung. «Die Kirche bedarf einer *ihrem Auftrag* gemässen Ordnung», sagt die geltende Kirchenordnung mit Recht (Art. 2 meine Hervorhebung). Damit sind klare Kriterien benannt und Grenzen markiert, die bei der Reform der Kirchenordnung zu beachten sind – nicht nur in der Präambel, sondern an jedem Punkt, an dem Regelungen zu treffen sein werden. Was sich nicht vom Auftrag der Kirche her legitimieren lässt, ist theologisch fragwürdig. Was nicht dazu dient, den Auftrag der Kirche zu verwirklichen, hat in der Kirchenordnung nichts verloren. Die Kirche ist ihrem Auftrag verpflichtet, nichts und niemand sonst.

Ihren Auftrag gibt sich die Kirche nicht selbst, und sie kann sich ihn auch nicht vom Staat, vom Zürcher Volk oder von ihren Mitgliedern geben lassen. Es gibt deshalb nicht zwei oder mehr Prinzipien, an denen sich die neue Ordnung zu orientieren hätte: den Auftrag zur Evangeliumsverkündigung *und* die Wünsche ihrer Mitglieder, Mitarbeiterinnen und Mitarbeiter *und* die Erwartungen und Ansprüche anderer. Jede Mehrfachorientierung ist hier abwegig. Nur ihr Auftrag ist massgeblich. Ihm gegenüber

ist die Kirche nicht frei, auch nicht in der Gestaltung ihrer Ordnung. Ihr
Auftrag macht sie vielmehr frei, auch zur Gestaltung ihrer Ordnung.

Ihre neue Ordnung muss das mindestens so klar zum Ausdruck bringen
wie die alte. Die theologische Ausrichtung der Landeskirche allein am
Evangelium steht nicht zur Debatte. Die geltende Kirchenordnung hat
hier Pflöcke eingeschlagen, die nicht zu verrücken sind. Es muss klar sein,
was für die Arbeit und Gemeinschaft der Kirche unantastbare Grundlage
ist. Nur dann lässt sich prüfen, ob die Regelungen ihrer Ordnung dazu
dienen, ihren Auftrag als Kirche Jesu Christi verantwortlich zu verwirklichen.

Die Kirchenordnung ist nicht der Ort, ein ausgewogenes Verhältnis
zwischen den vielfältigen Interessen innerhalb der Kirche und im Zusam-
menspiel von Kirche und Gesellschaft herzustellen. Sie muss es ermöglichen, bei Interessenkonflikten in der Orientierung am Auftrag der Kirche
zu verantwortlichen Entscheidungen zu kommen. Dazu muss sie klare
theologische Kriterien an die Hand geben und nicht an entscheidenden
Punkten nichts sagen.

Volkskirchliche Weite etwa ist nicht durch Verzicht auf ein reformiertes
Bekenntnis zur verbindlichen Orientierung am evangelischen Auftrag zu
gewinnen. Gerade der verpflichtet die Kirche ja, Gottes Zuwendung zu
allen Menschen zum Leitfaden auch ihres Handelns zu machen. Es belegt
auch nicht ökumenische Offenheit, ihre evangelisch-reformierte Prägung
zur historischen Erinnerung an ihre geschichtlichen Anfänge verblassen zu
lassen. Gerade ihre reformierte Bindung an den evangelischen Auftrag ist
es doch, der sie zur Ökumene mit der gesamten christlichen Kirche verpflichtet. Verbindliche ökumenische Verpflichtungen wie die Mitgliedschaft in der Leuenberger Kirchengemeinschaft sollten in der Kirchenordnung deshalb auch ausdrücklich genannt werden.

Die Ordnung der Kirche ist kein Selbstzweck, und nicht alle Fragen
sind in der Kirchenordnung zu regeln. Diese hat die Grundlagen der Kirche zu nennen, die Strukturen der kirchlichen Organisation und die
Grundlinien, die bei der Ordnung von Einzelbereichen zu beachten und
zu konkretisieren sind. Zu regeln ist ausschliesslich das, was für das Leben
der Kirche und die verantwortliche Ausführung ihres Auftrags in ihren
vielfältigen Handlungsfeldern nötig ist. Dieser Auftrag selbst aber ist kein
Gegenstand kirchlicher Gesetzgebung. Die Kirche kann sich ihn nicht zu-
rechtlegen und zurechtdefinieren. Sie kann und muss nur fragen, wie sie
ihn in bestmöglicher Weise erfüllen kann.

Dazu gehört auch, auf allen Ebenen kirchlicher Organisation die zur Er-
füllung ihres Auftrags nötigen Ämter und Dienste zu schaffen. Das werden nicht immer und überall dieselben sein. Der evangelische Auftrag gilt
der ganzen christlichen Gemeinde gemeinsam, jeder Christin und jedem
Christen. In der Kirche können deshalb nur Dienste und Ämter geschaf-

fen werden, die eine Konkretisierung dieses Auftrags aller sind. Als besondere Dienste und Ämter müssen sie aber nur geschaffen werden, wenn es einen guten Grund gibt, das, was jedem obliegt, als einen besonderen Funktionsbereich auszugestalten. Kein Amt, das die Kirche schafft, ist unverzichtbar, so unverzichtbar es auch sein mag, die entsprechenden Aufgaben wahrzunehmen. Nicht verzichten kann die Kirche nur auf einen Dienst, den sie nicht schaffen, sondern nur gestalten kann, weil es sie ohne ihn nicht gibt: den Dienst der öffentlichen Evangeliumsverkündigung, das ministerium verbi divini. Alle Christen und Christinnen haben das Evangelium zu bezeugen. Aber zur öffentlichen Verkündigung muss man berufen sein, und berufen werden können nur die, die dafür qualifiziert sind.

Die neue Kirchenordnung sollte sich hier auf keine Zweideutigkeiten einlassen. Alle Dienste in der Gemeinde haben ihre besonderen Aufgaben und ihre eigene Würde. Als solche sind sie, sofern nötig, durch Reglement zu ordnen. Aber nicht alle haben die Aufgabe öffentlicher Evangeliumsverkündigung, und ihre Würde besteht nicht darin, dass sie das ministerium verbi divini imitieren. Dessen Dienst ist für den Dienst der ganzen Gemeinde und damit auch alle Dienste amtlicher und ehrenamtlicher Mitarbeiterinnen und Mitarbeiter unverzichtbar. Denn seine Aufgabe ist es, die ganze Gemeinde immer wieder an den gemeinsamen und für alle verbindlichen Auftrag zu erinnern – also an das, was für ihr Tun und Lassen unantastbare Grundlage ist: das Evangelium von Jesus Christus, wie es in den Heiligen Schriften Alten und Neuen Testaments gegeben und in den Bekenntnissen der Reformation bezeugt ist. Nur wenn sie das in ihrer Ordnung wahrt und beachtet und ihre Dienste immer wieder daran ausrichtet, kann sich die Zürcher Landeskirche mit Recht *evangelisch* nennen, und *reformiert*.

Das Amt der Kirche und die Ämter in der Kirche

Matthias Zeindler

I. Die unaufhebbare Spannung

Die Kirche ist eine Institution. Als solche kann sie wie andere Institutionen beschrieben werden mit ihren Zielen, Strukturen und Abläufen. Sie kann insbesondere beschrieben werden als eine Institution, die in der Gesellschaft bestimmte Leistungen erbringt. Im Rahmen einer solchen Beschreibung lassen sich auch die Tätigkeiten des kirchlichen Personals angemessen erfassen, nämlich als spezialisierte Ausdifferenzierungen im Gesamt der kirchlichen Leistungen. Eine derartige Deskription hat auch ihre normativen Implikationen: Eine von ihren gesellschaftlichen Leistungen her verstandene Kirche wird sich möglichst optimal an den Bedürfnissen derjenigen orientieren wollen, für die sie ihre Leistungen erbringt. In bezug auf ihr Personal bedeutet dies, dass sich dieses um grösstmögliche Kundennähe und Kundenfreundlichkeit zu bemühen hat.

Viele, die in der Kirche tätig sind, begegnen solchen betriebsökonomischen Beschreibungsansätzen mit Skepsis. Sie kritisieren daran die Nachfrageorientierung und den Mangel an spezifisch christlichem Profil. Gerne wird bei dieser Gelegenheit die Karikatur der Kirche als «Bedürfnisanstalt» ins Feld geführt. Auf diese berechtigte Kritik wird gleich noch einzugehen sein. Trotzdem sollte die betriebsökonomische Perspektive bei der begrifflichen Erfassung der Kirche nicht gänzlich aussen vor bleiben. Denn die Kirche ist zunächst einmal ein «weltlich Ding». Die Betriebsökonomie bietet ein Instrumentarium, das nicht nur institutionelle Vorgänge schärfer zu erfassen hilft, sondern in der Kirche zuallererst bewusst machen kann, dass in ihr tatsächlich vieles gemäss einer allgemeinen Logik der Institutionen abläuft. In bezug auf das kirchliche Personal formuliert: Die betriebsökonomische Perspektive schärft die Wahrnehmung dafür, dass auch Tätigkeiten in der Kirche zunehmend in der Form moderner Berufe strukturiert sind und entsprechende Qualifikationen erfordern[1].

---

1 Zu entsprechenden Entwicklungen im Pfarramt Christian Grethlein: Pfarrer(in) sein als christlicher Beruf. Hinweise zu den veränderten Rahmenbedingungen einer traditionellen Tätigkeit, in: ZThK 98, 2001, 372–398.

Doch zurück zur Kritik: Ekklesiologie, d.h. Theologie der Kirche, kann sich nicht in einer betriebsökonomischen Beschreibung erschöpfen. Damit wäre das Eigentliche der Kirche in der Tat nicht erfasst. In bezug auf das kirchliche Personal drückt sich dieses Eigentliche schon darin aus, dass bei bestimmten Tätigkeiten traditionellerweise nicht vom «Beruf», sondern vom «Amt» gesprochen wird. Diese Terminologie enthält den Hinweis, dass die darunter fallenden Tätigkeiten sich einer Beauftragung verdanken, die jenseits der Logik von Nachfrage und Angebot steht.

Damit ist eine Spannung angesprochen, die in keinem Nachdenken über kirchliche Praxis auflösbar ist: Diese Praxis ist sowohl institutionell-berufsförmig als auch theologisch – eben als Amt – zu fassen. Keine dieser Dimensionen kann begrifflich in der andern aufgehen, keine deshalb gegen die andere ausgespielt werden. Und keine darf auf Kosten der andern ver-nachlässigt werden. Vielmehr muss heute das Handeln der in der Kirche Tätigen gerade in seiner institutionellen Komplexität theologisch angemessen verstanden werden. Bei den folgenden Ausführungen liegt der Akzent freilich auf der theologischen Dimension.

II. Biblische und historische Aspekte

Ein terminus technicus für «Amt» fehlt im Neuen Testament, und ebenso fehlen Hinweise auf eine feste Ämterstruktur in den neutestamentlichen Gemeinden. Wenn von einem übergreifenden terminus die Rede sein kann, dann ist es am ehesten der Begriff «Dienst» (diakonía). Die neutestamentlichen Schriften spiegeln Gemeinden mit einem noch geringen Institutionalisierungsgrad, entsprechend vielfältig sind die ersten Ansätze einer Struktur. Das Neue Testament begründet deshalb keine fixe Struktur des Amtes. Wohl aber liefert es wichtige Ansätze zu seinem Verständnis.

Bei Paulus[2] sind alle kirchlichen Dienste begründet im Heiligen Geist, der einem jeden in der Gemeinde kraft der Taufe gegeben ist (1. Kor. 12, 11.13). Die Dienste haben von vornherein ihre spezifische Finalität, nämlich den Nutzen der gesamten Gemeinde (1. Kor. 12,7). In den speziellen Gnadengaben (Charismen) konkretisiert sich die Gnade Jesu Christi, die darin besteht, dass in der Gemeinde als dem Leib Christi (1. Kor. 12,12ff) jeder und jede einen Platz hat. An Charismen nennt Paulus sowohl pneumatische (Prophetie, Zungenrede, Heilung) als auch Leitungsfunktionen, aber etwa auch das Almosengeben (Röm. 12,6ff; 1. Kor. 12,4ff. 28ff). Auffällig ist bei ihm die Betonung der Gemeindedienlichkeit, die ihn beispiels-

---

2 Dazu Jürgen Roloff, Die Kirche im Neuen Testament (NTD Ergänzungsreihe 10), Göttingen 1993, 100–110.132–143.

weise die verständliche Prophetie höher werten lässt als die unverständliche Zungenrede (1. Kor. 14,1ff).

In den nachpaulinischen Schriften begegnet die verstärkte Institutionalisierung und der Verzicht auf jegliche amtliche Struktur. In gewissen Gemeinden wurde das Ältestenamt übernommen, das bereits in der jüdischen Gemeinde bekannt war (Apg. 14,23; 20,17; 1. Petr. 5,1). Die Episkopen und Diakone (erstmals in Phil. 1,1), wie sie in andern Gemeinden gebräuchlich wurden, stammen dagegen aus dem hellenistischen Raum. Eine Verbindung beider Strukturen ergibt die bekannte Dreizahl der Ämter von Episkopos (1. Tim. 3,2; Tit. 1,7), Presbyter (1. Tim. 5,17; Tit. 1,5) und Diakon (1. Tim. 3,8), die in den Pastoralbriefen greifbar wird. Deutlichere Distanz zu Ämtern zeigt sich dagegen bei Matthäus (23,8–10) und vor allem bei Johannes: Einziger Lehrer in der Gemeinde ist der Geist (1. Joh. 2,27).

Die Äusserungen der *Reformatoren* zum kirchlichen Amt sind nur verständlich auf dem Hintergrund der mittelalterlichen Amtstheologie. Entscheidend ist darin die Unterscheidung zwischen Priestern und Laien, wobei dem sakramental verstandenen Priesteramt (mit seiner Spitze im Papstamt) die Macht zur Sündenvergebung, Sakramentsverwaltung und Lehrbeurteilung vorbehalten ist. Hier sehen die Reformatoren kirchliche Machtanmassung vorliegen. Hat der Mensch, so ihr Einwand, durch Taufe und Glaube Anteil an der Gnade Christi, dann geht es nicht an, dass diese Gnade noch kirchlicher Vermittlung bedarf. Vielmehr gilt das *allgemeine Priestertum*: Durch den Glauben an den alleinigen Hohepriester Christus gewinnen alle Anteil an dessen Priestertum und damit das Recht, die biblische Lehre zu beurteilen und die Sakramente zu verwalten. Der Dualismus von Priestern und Laien wird hinfällig, Priesterweihe ist die Taufe.

Die polemische Zielrichtung der Lehre vom allgemeinen Priestertum ist wichtig. Denn ebenso deutlich wie diese ist bei den Reformatoren die Betonung, dass das Amt der Wortverkündigung und Sakramentsverwaltung primär von dazu Berufenen ausgeübt werden solle. Die Berufung geht von der Gemeinde aus und dient der Ordnung in ebendieser Gemeinde. Allerdings hat sich das Wesen des Amtes nun grundlegend geändert: Begründet im kirchlichen Auftrag zur Evangeliumsverkündigung, eignet ihm der Charakter einer *Dienst*funktion. Die Amtsträger stehen wie alle Christen *unter* dem Wort.

Wie bereits Luther akzentuiert auch *Zwingli* in der Auseinandersetzung mit den Täufern die Unterscheidung zwischen allgemeinem Priestertum und Predigtamt. Es soll in der Gemeinde niemand ohne spezifische Sendung als Prediger auftreten. Bei Zwingli gibt es dabei nur ein einziges Amt, nämlich dasjenige der Predigt; entsprechende Differenzierungen im Neuen Testament fallen bei ihm zusammen im einen Pfarramt. Für grössere Gemeinden ist eine personelle Aufteilung von Predigt und Seelsorge vorstellbar, Proprium des Amtes bleibt aber die Auslegung der Heiligen Schrift.

Calvin legt eine breit entfaltete Amtstheologie vor, was bei seinem Interesse für kirchliche Ordnungsfragen nicht überrascht. Auch bei ihm steht – gemäss reformatorischem Konsens – das Amt im Dienst des Wortes. Begründet ist das kirchliche Amt darin, dass Christus für seine Herrschaft Menschen in Dienst nimmt, «wie auch ein Handwerker zur Verrichtung seiner Arbeit ein Werkzeug verwendet»[3]. Damit ist die Macht der Amtsträger von vornherein begrenzt: Sie haben Vollmacht und Autorität nur in dem Masse, da sie ihren Auftrag erfüllen. Im Unterschied zu Zwingli laufen für Calvin die biblischen Aussagen zum Amt nicht alle auf das Pfarramt zu. In der «Institutio» von 1559 entwickelt er vielmehr eine dreiteilige Ämterstruktur[4]: Neben den *Pastoren*, denen Verkündigung und Lehre obliegt, bedarf es in der Gemeinde der *Ältesten*, welche (mit den Pastoren) die Disziplinargewalt ausüben, sowie der *Diakone*, die für die Versorgung der Armen verantwortlich sind. Mit dieser Amtsauffassung kommt innerhalb der Reformation eine Entwicklung an ihr Ende, an deren Anfang die Abgrenzung gegen das hergebrachte Amtsverständnis steht (allgemeines Priestertum), in welcher dann das Wesen des Amtes neu von der Verkündigung des Wortes Gottes her konzipiert wird (Amt als Predigtamt), um schliesslich in einer differenzierten Ämtertheologie für die durch das Wort Gottes gestaltete christliche Gemeinde zu gipfeln (vielgestaltiges Amt)[5].

III. Grundlagen: Das Amt der Kirche

Die Beobachtungen am biblischen und historischen Material machen eines deutlich: Ein zeitgemässes Nachdenken über die Ausgestaltung des kirchlichen Amtes kann nicht biblizistisch bei einer angeblich «biblischen» Ämterstruktur ansetzen, und ebenso wenig kann es sich auf *ein* «reformatorisches» oder «reformiertes» Verständnis der Form des Amtes berufen. In beiden Fällen hat man es mit einer Vielfalt von konkreten Ausprägungen zu tun, von denen keine kanonische Geltung beanspruchen kann. Verbindlich sind allerdings an den biblischen Aussagen auch nicht die Hinweise auf eine konkrete Amtsstruktur, sondern die Auffassung vom *Wesen* des kirchlichen Amtes, die darin zutage tritt. In gleicher Weise sind die reformatorischen Amtstheologien für unsere Reflexion hilfreich.

a. Die *Begründung* des kirchlichen Amtes: Begründet ist das Amt der Kirche im Wesen der Kirche. Das Wesen der Kirche ist wohl am bündig-

---

3 Institutio IV,3,1.
4 Im der Genfer Kirchenordnung von 1542 ist es noch eine vierteilige.
5 Zur historischen Entwicklung des Amtes in der Reformation vgl. auch Frank Jehle,
   Die Teilung der Ämter, in: Matthias Krieg/Gabrielle Zangger-Derron (Hgg.), Die
   Reformierten. Suchbilder einer Identität, Zürich 2002, 57–62.

sten zusammengefasst im Missionsbefehl am Schluss des Matthäusevangeliums, wo der auferstandene Christus zu seinen Jüngern spricht: «Geht nun hin und macht alle Völker zu Jüngern: tauft sie auf den Namen des Vaters und des Sohnes und des Heiligen Geistes und lehrt sie alles halten, was ich euch geboten habe» (Mt 28,19f). Wichtig an diesem Text ist zunächst, dass es Christus selbst ist, welcher der Gemeinde die Evangeliumsverkündigung aufträgt. Die Gemeinde ist der Ort in der Welt, wo Menschen das Wort von Gottes Gnade in Jesus Christus hören, feiern und in einer erneuerten Gemeinschaft Gestalt annehmen lassen. Diese christliche Gemeinde, das ist nun entscheidend, ist aber kein Selbstzweck. Sie ist vielmehr streng funktional zu verstehen als *missionarische* (oder apostolische) Gemeinde: Sie hat ihren Zweck darin, dass das Evangelium weitergetragen wird. Dies, das Weitertragen der guten Botschaft von Gottes Gnade, ist ihr *Amt*. Wohlverstanden: Das Amt der gesamten Gemeinde. Um dieses Amtes willen besteht die Kirche. Primäres Subjekt des Amtes, das wird bei Paulus deutlich, ist der *Heilige Geist*, der in den Gliedern der Gemeinde wirkt. Daran wird deutlich, dass die Dienste in der Gemeinde in erster Linie als *Gabe* zu verstehen sind: Mit dem Evangelium verleiht Jesus Christus seiner Gemeinde auch die Kompetenz, dieses Evangelium recht zu hören, zu verkünden und zu leben. Er sendet seinen Geist, um sie zu jener Gemeinde aufzuerbauen, die seiner Botschaft in der Welt Geltung verschafft. Mit der Gabe des Amtes dient Christus m.a.W. seiner Gemeinde und durch diese der Welt. Die Kirche hat deshalb den begründeten Glauben, dass sie jederzeit ausreichend Menschen und Kräfte zur Verfügung haben wird, um ihren Auftrag im Sinne ihres Herrn zu erfüllen. (Das gilt auch in Zeiten des sogenannten Pfarrermangels!)

b. Die *Finalität* des kirchlichen Amtes: Was in der paulinischen Charismenlehre ebenfalls ins Auge springt, ist die Interdependenz und die Finalität der kirchlichen Dienste. Kein Dienst ist in dem Sinne autonom, dass in ihm das Ganze des kirchlichen Amtes aufgefangen wäre. Das Ganze des Amtes setzt sich vielmehr zusammen aus den einzelnen Diensten, die deshalb im Verhältnis gegenseitiger Abhängigkeit stehen. Ihr gemeinsames Ziel haben alle Dienste im Aufbau der einen Gemeinde derer, die das Evangelium hören, leben und weitertragen. Die reformatorischen Amtstheologien unterscheiden sich in der konkreten Ausgestaltung, die sie dieser Finalität geben. Im Ziel des Amtes, der Kommunikation des Evangeliums gegen innen und gegen aussen, sind sie sich aber einig.

IV. Struktur: Die Ämter in der Kirche

Von Begründung und Finalität des Amtes der Kirche her ergeben sich die grundlegenden Hinweise auf die Struktur der Ämter in der Kirche. Dies ist zuerst die prinzipielle Einsicht, dass *die Ämter in der Kirche ihren Grund im einen Amt der Kirche haben* – der Verkündigung des Wortes – und diesem dienen. Jede Ämterstruktur wäre von hier aus als Versuch zu interpretieren, das eine Amt der Kirche in einem sinnvollen Ensemble von Diensten möglichst optimal in eine konkrete Gestalt zu überführen.

Jede Ämterstruktur hat denn aber auch am einen Amt der Kirche ihr *Kriterium*, und zwar ihr einziges Kriterium. Diese Aussage impliziert nochmals, dass es für die Kirche kein exklusiv und abschliessend gültiges Modell einer Ämterstruktur gibt, sondern eine sowohl diachrone als auch synchrone Vielfalt von Modellen. Eine Ämterstruktur ist prinzipiell veränderbar, sie muss unter verschiedenen gemeindlichen und gesellschaftlichen Bedingungen je wieder anders aussehen[6]. Ihre Einheit haben die verschiedenen Ämterstrukturen in der Einheit des kirchlichen Amts, von dem aus die Gemeinde grundsätzlich das Wort verkündet, die Sakramente feiert und Diakonie leistet[7].

Konkret heisst dies für eine Ämterstruktur: Sie muss erstens Dienste umfassen, die für die Verkündigung des Evangeliums sowie für die rechte Verwaltung der Sakramente verantwortlich ist. Und sie muss zum zweiten Dienste umfassen, die für eine adäquate Diakonie verantwortlich sind. «Dienste» steht hier bewusst im Plural, denn sowohl Verkündigung und Sakramentsverwaltung als auch Diakonie gliedern sich sofort auf in eine Vielfalt von Aufgaben. Die Verkündigung erschöpft sich nicht in der gottesdienstlichen Predigt, sie vollzieht sich ebenso im katechetischen Handeln der Kirche vom Unterricht bis zur Erwachsenenbildung, in künstlerischen und musikalischen Formen, aber auch in kirchlichen Publikationen. Ähnlich differenziert verhält es sich in der Diakonie, die sich entlang gesellschaftlicher Spezialisierungen in zahlreiche Dienste in Spitälern, Heimen, Gefängnissen oder Entwicklungszusammenarbeit aufgegliedert hat[8]. Die Qualifikationen zu den einzelnen Diensten müssen ihrerseits vermittelt werden in entsprechenden Ausbildungsstätten, d.h. theologischen Fa-

---

6 «Das ministerium ecclesiasticum ist mehrfältig. Es ist zugleich von der Art, dass es für andere, neu als nötig erkannte Dienste offen ist» (Otto Weber, Grundlagen der Dogmatik Bd. 2, Neukirchen-Vluyn ⁶1983, 635).

7 Die Variabilität der Ämterstruktur ist auch ökumenisch zustimmungsfähig. Vgl. dazu die Konvergenzerklärung der Kommission für Glauben und Kirchenverfassung des Ökumenischen Rates der Kirchen von 1982, Kap. Amt, Kommentar zu Nr. 11: «Die Kirchen sollten es ... vermeiden, ihre spezifischen Formen des ordinierten Amtes direkt auf den Willen und die Einsetzung durch Jesus Christus selbst zurückzuführen.»

8 Wobei sich in der Seelsorge Diakonie und Verkündigung stets überschneiden.

kultäten, kirchlichen Hochschulen, katechetischen Ausbildungsstellen etc. Ausserdem wird die gesamte kirchliche Arbeit auf allen ihren Stufen getragen von einer Verwaltung und ehrenamtlich Tätigen[9].

Geht man von der Vielfältigkeit aus, in welcher sich das kirchliche Amt vollzieht, dann erscheint eine Begrenzung der Ämter in der Kirche auf das Pfarramt als nicht mehr angemessen. Man verfehlt damit die plurale Realität, in welcher die Vermittlung des Evangeliums vor sich geht. Der Differenziertheit der Verkündigungsrealität ist derart Rechnung zu tragen, dass man auch andere Dienste als denjenigen der Pfarrerin bzw. des Pfarrers in theologisch vollgültiger Weise als Amt gelten lässt.

V. Amt und Ordination

Anerkennt man, dass sich das kirchliche Amt notwendig in eine Vielfalt von Tätigkeiten auffächert, und optiert man von dort aus für eine Vielfalt kirchlicher Ämter, dann steht man trotzdem wieder vor der Problematik einer Unterscheidung. Die Mehrheit der christlichen Kirchen kennt die Unterscheidung zwischen ordiniertem Amt und nichtordinierten Tätigkeiten. Mit der Ordination beauftragt die Kirche die Inhaber eines Amtes für ihren speziellen Dienst und bittet Gott um seinen Beistand; äusseres Zeichen dieser Beauftragung ist traditionellerweise die Handauflegung. Ordiniert werden in den Kirchen in jedem Fall die Inhaber des Leitungsamtes, also Priester bzw. Pfarrer. Eine Reihe von Kirchen kennt ausserdem die Ordination von Diakonen. Nimmt man die notwendige Differenziertheit des kirchlichen Amtes ernst, dann hat man auch die Frage ernst zu nehmen, zu welchen Diensten in der Kirche ordiniert werden soll und wie diese Abgrenzung begründbar ist.

Es existieren verschiedene Begründungsversuche, die aber alle mit Schwächen behaftet sind. Reserviert man die Ordination für das Leitungsamt, ergeben sich im Rahmen einer synodalen Kirchenstruktur Probleme. Begründet man die Differenz zwischen ordiniertem Amt und nichtordinierten Diensten mit der Differenz zwischen direktem und indirektem Verhältnis zur Verkündigung, dann mag damit die Nichtordination von Sigristen, Kirchenratssekretärinnen und Mitarbeitern im Rechtsdienst einer Kirchenbehörde plausibel werden, nicht aber diejenige eines Redaktors beim Kirchenboten. Führt man zur Begründung der Ordination die Unterscheidung zwischen zeitlich unbegrenzten und begrenzten Tätigkeiten ein,

---

9 Vgl. dazu die materialreiche Lehre vom Dienst der Gemeinde, die Karl Barth in Kirchliche Dogmatik IV/3, 979ff vorgelegt hat.

dann kann mit guten theologischen Gründen zurückgefragt werden, ob die Ordination in jedem Fall als lebenslänglich verstanden werden muss[10].

Entscheidend ist in dieser Frage das Verständnis der Ordination. Die Abgrenzung Ordinierter ist nicht begründbar, wenn man mit ihr eine spezielle theologische Dignität verbindet, die den Nichtordinierten nicht zukäme. Auf der Basis der paulinischen Charismenlehre wird man vielmehr sagen müssen, dass jeder kirchlichen Tätigkeit die Dimension des Amtes innewohnt – nämlich dass sie auf die Verkündigung des Evangeliums bezogen und entsprechend durch den Heiligen Geist geleitet ist. Man wird aber auch sagen können, dass bestimmte Tätigkeiten in *exemplarischer* (nicht exklusiver) Weise das Wesen des kirchlichen Dienstes sichtbar machen: seinen Grund, seinen Gehalt und sein Ziel. Dies gilt sicher für Pfarrerinnen und Pfarrer, es gilt ebenso für diakonisch Tätige, und es mag auch für Katechetinnen und Katecheten gelten. Nochmals: Jede Unterscheidung von ordinierten und nichtordinierten Diensten, die von einem solchen Verständnis her gemacht wird, ist relativ, revidierbar und von begrenzter Tragweite. Die Ordination kann nun ihrerseits als exemplarischer Akt verstanden werden, der auf eine Dimension verweist, wie sie jeder kirchlichen Tätigkeit eignet: dass sie auf einem Auftrag Jesu Christi gründet und von der Hoffnung auf den Heiligen Geist getragen ist. Eine so verstandene Ordination unterstreicht weniger die Differenz zu den nichtordinierten Diensten, sondern gerade die wesenhafte Verbundenheit beider.

VI. Amt und Gemeinde

Alle kirchlichen Dienste sind letztlich im missionarischen Amt der Kirche begründet und durch dieses Begründetsein aufeinander bezogen. Ihren Verkündigungsauftrag nimmt aber die Gemeinde nur in dem Masse recht wahr, als sie selbst zunächst hörende Gemeinde ist. Als Momente des einen Amtes der Kirche erweisen sich deshalb die einzelnen Dienste darin, dass sie rückgebunden bleiben an die hörende Gemeinde, konkret: an die Gemeinde, die im Gottesdienst zusammenkommt, um den Zuspruch und Anspruch biblischer Texte zu vernehmen und in Lied und Gebet darauf zu antworten. Der Gottesdienst ist nicht zuletzt auch der Ort, wo die Gemeinde in der *Fürbitte* ihre Verantwortung für den Vollzug ihres Amtes wahrnimmt.

---

10 Zur Kritik an dieser Konzeption vgl. Weber, 634; Miroslav Volf, Trinität und Gemeinschaft. Eine ökumenische Ekklesiologie, Mainz/Neukirchen-Vluyn 1996, 241: «Wie jedes Charisma ist auch das Amtscharisma nicht unwiderrufbar. Der Geist, der das Amtscharisma frei gegeben hat, kann es durch ein anderes Charisma ersetzen.»

Von hier aus ist auch eine Antwort auf die Frage zu suchen, wer die
Amtsträger der Kirche *wählt*. Die theologische Antwort darauf muss lauten: Es ist die christliche Gemeinde. Dies gesagt, ist sogleich vor profan-
demokratischen Missverständnissen zu warnen. Denn es ist Christus, der
Menschen in seinen Dienst beruft. Wenn die christliche Gemeinde Menschen mit einem Amt beauftragt, dann tut sie dies deshalb im Glauben,
dass gerade diesen Menschen die Beauftragung Christi gilt. Sie wird dann
aber nicht bloss danach fragen können, welcher Kandidat am besten zu ihr
«passt», sie wird vielmehr denjenigen zu suchen haben, der das Evangelium mit dem höchsten Mass an theologischer, katechetischer und seelsor-
gerlicher Kompetenz zu vertreten weiss. Und dies allenfalls auch kritisch –
kritisch sogar der Gemeinde selbst gegenüber. Bei alledem gilt, dass zwar
«aus der Gemeinde die Personen für die Aufträge hervorgehen, aber nicht
die Inhalte dieser Aufträge»[11]. Welches die angemessene Form ist, in der
sich eine Wahl vollzieht, ist von hier aus ebenfalls nicht gleichgültig: Ob
dies beispielsweise eine Urnenwahl ist oder eine Kirchgemeindeversamm-
lung, die nach dem Gottesdienst – nach dem Hören des Wortes – zum
Wahlgeschäft zusammentritt.

VII. Amt und Ökumene

Das Amt ist eine ökumenische crux. In seinem Verständnis sind die Kirchen zum Teil derart weit voneinander entfernt, dass diese Frage heute
den gewichtigsten Differenzpunkt zwischen den reformatorischen Kirchen
und der römisch-katholischen Kirche darstellt. Während man sich in
zentralen Fragen wie derjenigen der Rechtfertigungslehre oder der Abend-
mahlsauffassung weitgehend verständigt hat, kann Rom den reformatorischen Kirchen aufgrund fehlender apostolischer Sukzession ihrer ordinierten Amtsträger nach wie vor nur ein unvollkommenes Kirchesein zugeste-
hen[12].
  Diese ökumenische Problematik sollte man bei amtstheologischen Re-
flexionen stets im Auge behalten. Und zwar nicht, um in vorauseilendem
Gehorsam das eigene Profil von vornherein abzuschleifen. Wohl aber, um

11 Jürgen Moltmann, Kirche in der Kraft des Geistes. Ein Beitrag zur messianischen
   Ekklesiologie, München ²1989, 330.
12 «Die kirchlichen Gemeinschaften hingegen, die den gültigen Episkopat ... nicht bewahrt haben, sind nicht Kirchen im eigentlichen Sinn» (Erklärung «Dominus Iesus»,
   Nr. 17). Die evangelischen Kirchen bestehen allerdings darauf, dass sie sehr wohl in
   apostolischer Sukzession stehen, die sie aber anders verstehen. Nämlich als «Treue
   zu ihrer im urchristlichen Apostolat sich ursprünglich ausdrückenden Sendung und
   Aufgabe» (Eberhard Jüngel: Credere in ecclesiam. Eine ökumenische Besinnung, in:
   ZThK 99, 2002, 177–195, 185), d.h. als *Schriftgemässheit* ihrer Praxis.

im Bewusstsein zu halten, dass ein Amtsverständnis heute immer auch im Blick darauf formuliert werden muss, wie es vor den ökumenischen Partnern verantwortet wird. Ein solcher «ökumenischer Imperativ» (der m.E. für jegliche theologische Reflexion gelten sollte) impliziert ein doppeltes: Zum einen geht es darum, dass man sich über das *Unaufgebbare* der eigenen Position klar Rechenschaft abgibt[13]. Zum andern geht es darum, im Hinblick auf eine mögliche Verständigung *Spielräume der Annäherung* ausfindig zu machen. Beide Seiten, das Insistieren auf dem eigenen Unverzichtbaren und die offene Suche nach dem Verbindenden, gehören zur ökumenischen Zielvorstellung einer «Einheit in Verschiedenheit»[14].

---

13 Zum Unaufgebbaren gehört neben manchem oben Erwähnten auf jeden Fall die *Frauenordination*.

14 Zum Amt in der ökumenischen Diskussion vgl. Reinhard Frieling, Amt. Laie, Pfarrer, Priester, Bischof, Papst (Ökumenische Studienhefte 13), Göttingen 2002.

Ohn Habit und Kragen die Wahrheit sagen – vom Kerngeschäft im Pfarramt

Ralph Kunz

I. Zum Dienst im Amt berufen

1. Geht's dem Pfarramt an den Kragen?

«Bürger Pfarrer, ihr müsst ohn Habit und Kragen, uns künftighin die Wahrheit sagen!» So lautet die Unterschrift einer Karikatur aus dem Jahre 1798. Darauf ist ein Bote mit einer grünen Armbinde zu sehen. Auf dem Kopf trägt er einen schwarzen Hut, der geschmückt ist mit einer rot-weissen Rosette und einer grünen Feder, den Farben der Revolution. Er überbringt dem Pfarrer ohne Habit und Kragen die Botschaft «Freiheyt/Gleichheit». Das Spottbild thematisiert die Religionspolitik der Helvetischen Republik, die eigentlich auf eine Trennung von Kirche und Staat zielte, in einer ersten Phase aber auch kirchliche Angelegenheiten regeln musste. Denn der neue Staat hatte mit den Rechten der alten Stände auch die Pflicht übernommen, für Recht und Ordnung in der Kirche zu sorgen. Bei den Reformierten wurde die freie Pfarrerwahl durch die Gemeinden eingeführt, der Titel «Herr» durch «Bürger» ersetzt und anstelle der Amtstracht ein einfaches schwarzes Kleid vorgeschrieben.[1]

Und die Amtsträger? Ein erheblicher Teil der reformierten Pfarrer waren der Helvetischen Republik durchaus freundlich gesinnt. Dass ihnen die Mitbürger nun an den Kragen wollten, ging etlichen dann doch zu weit. Natürlich war der Verlust der schmucken Halskrause zu verschmerzen. Einigen war sie sicher auch lästig gewesen. Aber manch einer fragte sich, welche Folgen die Pfarrerwahl durch die Gemeinde wohl haben werde. Kann der Bürger Pfarrer seinen Mitbürgern dann noch die Wahrheit sagen? Riskiert die Kirche für den Preis der bürgerlichen Freiheit und Gleichheit am Ende nicht nur den Kragen, sondern Kopf und Kragen ihrer Geistlichkeit?

---

1 Walter Dettwiler, Von linken Teufeln und heuchlerischen Pfaffen. Der Weg zur modernen Schweiz im Spiegel der Karikatur (1798–1848), Zürich 1998, 15.

Zweihundert Jahre später könnten diese Pfarrer beruhigt feststellen, dass die demokratischen Strukturen wohl den besonderen Habit, aber nicht das Amt zum Verschwinden gebracht haben. Die Angst ist der Einsicht gewichen, dass demokratische Strukturen dem Grundsatz vom Priestertum aller Gläubigen entsprechen. Die reformierten Landeskirchen haben sich im Laufe der Demokratisierung der Staatenwelt immer mehr zu einer Demokratie in der Demokratie entwickelt.[2] Dass es auch so bleiben soll, ist heute Konsens.[3] Im vierten Leitsatz von reform06 heisst es denn auch:

> «Die Landeskirche ... ist von ihrer Tradition her den Prinzipien der Rechtsstaatlichkeit verpflichtet und setzt sich für diese Normen in ihren eigenen Strukturen ein. Sie ist demokratisch-föderalistischen Grundprinzipien verpflichtet.»[4]

2. Pfarrer zwischen Amt und Funktion

Es scheint fast, dass es der Kirche heute leichter fällt, sich zu den demokratisch-föderalistischen Prinzipien zu bekennen, als klar zu sagen, welche Rolle die Pfarrerin oder der Pfarrer künftig spielen soll. Soll der Bürger Pfarrer denn auch künftighin die Wahrheit sagen? Was selbst der Spötter noch wusste, ist vielen heute fraglich geworden. Das Konsultationspapier lässt in der Amtsfrage einen gewissen Interpretationsspielraum offen. Dennoch lassen sich bei einem Vergleich mit der gültigen Kirchenordnung (KO) Akzentverschiebungen erkennen. Im vierten Hauptteil der Kirchenordnung wird unter der Überschrift «Ämter und Dienste» das *Pfarramt* in 32 Artikeln traktiert, während unter dem Titel «Gemeindedienste» Organistendienst, Kantorat, Diakonat, Jugendarbeit in nur gerade 6 Artikeln behandelt werden. Das Amt ist – faktisch – das Pfarramt, alle anderen Ämter üben Dienstfunktionen aus.

In der sechsten These der Konsultation ist demgegenüber von *Berufsbildern* zwischen Amt und Funktion die Rede. Der Pfarrberuf wird in Verbindung und im Verband mit anderen kirchlichen Berufen in einem Spannungsfeld zwischen Amt und Funktion gesehen. Im Konsultationspapier wird das Amt der Verkündigung zusammen mit dem Amt der Diakonie

---

2 Robert Leuenberger, Geistliches Amt in der Demokratie der Volkskirche, in: Samuel Jakob/Hans Strub (Hgg.), Kirche leiten im Übergang, Zürich 1993, 99–193, 99. Zu den rechtlichen Implikationen vgl. Cla Reto Famos, Leitung und Gliederung einer evangelisch-reformierten Kirchgemeinde, in: Schweizerisches Jahrbuch für Kirchenrecht, Bd. 4, 1999, 32ff.

3 Vgl. dazu die Beiträge in Alfred Schindler (Hg.), Kirche und Staat, Zürich 1994.

4 reform06. Auf dem Weg zur neuen Kirchenordnung, Leitsätze und Grundthesen. Unterlage zur Konsultation 2002, hg. v. Kirchenrat der Evangelisch-reformierten Landeskirche des Kantons Zürich, 6.

und der Leitung genannt und «in Anlehnung an das Neue Testament als *Dienst* verstanden.» Offensichtlich nötigt die professionelle Ausdifferenzierung und Spezialisierung im kirchlichen Arbeitsfeld zu einer Neuorientierung hinsichtlich des herkömmlichen Amtsverständnisses. Die Richtung dieser Neuorientierung lässt sich erkennen: Das Pfarramt wird in ein grösseres Berufsfeld eingeordnet und einem höheren Amt untergeordnet, insofern sich eben alle kirchliche Berufe aus dem dienst- und aufgabenorientierten Amtsverständnis ableiten. Die Pointe dieser Neuordnung ist der funktionale Ansatz. Gemeint ist damit, dass sich Berufs-, Anforderungs- und Stellenprofile am «Bedarf der Gemeinde sowie an beruflichen Standards» orientieren sollen.[5]

3. Pfarramt und Gemeindedienste

Der Titel «zwischen Amt und Funktion» ist gleichwohl verwirrlich. Müsste es nicht heissen «zwischen Dienst und Funktion»? Die Bedeutung von Amt und Dienst verschwimmen und bleiben unscharf. So ist auch der «Dienstherr», dem sich das «Amt» zu fügen hat, nicht eindeutig bestimmt. Wenn mit Dienst der Auftrag gemeint ist, den die ganze Gemeinde als *Dienstgemeinschaft* zu erfüllen hat, ist Jesus Christus, der «Dienstherr». Wenn sich aber das Amt funktional am Bedarf der Gemeinde orientiert, sind damit *Dienstleistungen* von Berufsleuten gegenüber der Gemeinde gemeint.[6]

Wie die Pfarrerin im Spannungsfeld zwischen Dienstgemeinschaft und Dienstleistungsorganisation ihr Amt führen und verstehen soll, wird aus den vorliegenden Impulsen nicht klar ersichtlich.[7] Zwar wird die biblisch-altkirchliche Ämterlehre als ein Hintergrund vorgestellt, von dem her alle kirchlichen Berufe ihre «geistliche Kraft und Legitimation beziehen». Gleichzeitig wird vorgeschlagen, alle Berufsbilder generell zu überarbeiten.[8] In welcher Weise das geschehen soll, lässt das Konsultationspapier mit dem Hinweis auf die Lehre des *dreifachen Amtes* und der Notiz *eines Dienstes* zumindest ahnen. Das Amt der Verkündigung verliert seinen besonderen Nimbus, indem es eingeordnet und nicht vorgeordnet, neben

---

5 AaO, 20.

6 Man beachte den feinen aber wichtigen Unterschied zwischen Leitsatz 4 der reform06 und KO Art. 5. In der Konsultationsunterlage heisst es: «Die Landeskirche ... steht gleichermassen im Dienste ihrer Mitglieder, wie sie auch Nichtmitgliedern gegenüber offen ist.» In der Kirchenordnung heisst es generell vom Dienst der Kirche, er sei «in der Offenheit gegenüber dem ganzen Volke» zu üben.

7 Vgl. dazu den instruktiven Beitrag von Michael N. Ebertz, Jenseits der ‹Gnadenanstalt› – auf dem Weg zur ‹Beteiligungskirche›?, in: PSI (Hg.), Jenseits der Kirchen. Analysen und Auseinandersetzung mit einem neuen Phänomen in unserer Gesellschaft, Zürich 1998, 71–98, 83ff.

8 reform06, 21.

und nicht über das Amt der Diakonie und Leitung gestellt wird. Umgekehrt werden die ehemaligen Gemeindedienste nicht mehr als Hilfsdienste
des Pfarramtes verstanden, sondern als eigenständige Ämter und Berufe.
Man kann diese Entwicklung als letzten Schritt jener Demokratisierung
der Amtskirche deuten, die in der Reformation ihren Anfang nahm und in
der Helvetik fortgesetzt wurde. Geht's dem Pfarramt also endgültig an den
Kragen?

Es gibt auch Signale in die andere Richtung. In bezug auf die Gemeindeleitung wird der privilegierte Status, den das bisherige Pfarramt gegenüber den anderen Ämtern geniesst, nicht in Frage gestellt. Grundlage der
Gemeindeleitung bleibt das gegenwärtige Zuordnungsmodell.[9] Zudem
wird versichert, dass es «trotz der aktuellen Berufsbilddiskussion ... das
bisherige Pfarramt auch künftig geben»[10] wird. Auffällig ist nun, dass für
diese Kontinuität keine theologischen Gründe geltend gemacht werden,
sondern lediglich auf neuere Untersuchungen verwiesen wird. Sie haben
gezeigt, dass der Pfarrer oder die Pfarrerin «nach wie vor eine zentrale Person an der Schnittstelle zwischen Kirche und Öffentlichkeit ist, die hohe
Wertschätzung geniesst». Weiter wird auf das Pfarrhaus verwiesen, das
einen hohen Symbolwert hat und dabei unterstrichen: «Zu Symbolen ist
Sorge zu tragen. Auch sie erfüllen eine wichtige Funktion.»[11]

Wie sind diese Sätze zu interpretieren? Kann es sein, dass die hohe
Wertschätzung der Pfarrerrolle mit einem unsichtbaren Amtshabit oder
Amtshabitus zusammenhängt, den man nolens volens zu akzeptieren hat?
Offen bleibt jedenfalls, wie der Pfarrer oder die Pfarrerin die «zentrale Person an der Schnittstelle zwischen Kirche und Öffentlichkeit» sein kann,
wenn gemäss dem dritten Leitsatz der Konsultation Kirche als ganze in
der Öffentlichkeit präsent zu sein hat.[12] Und das lässt fragen, was die Öffentlichkeit des Pfarramtes konstituiert und worin dessen Symbolwert –
abgesehen vom Pfarrhaus – zum Ausdruck kommt und kommen soll?

4. Spannungsfelder abstecken

Das Nebeneinander einer theologischen Ämterlehre, Modernisierung
bei den kirchlichen Berufsbildern und Rücksichtnahme auf das bisherige
Pfarramt zeigen das Spannungsfeld auf, in dem die Diskussion über den

---

9 AaO, 18. Ob neben dem Pfarramt «weitere Dienste der Leitungsebene der Kirchgemeinde angehören und Einsitz in die Kirchenpflegesitzung haben» sollen (19), ist
  aufgrund der Auswertung der Konsultation umstritten. Die Gegner einer Partizipation der Mitarbeiter in der Leitung wollen eine Vermischung von Leitung und ope-
  rativen Funktionen vermeiden.

10 AaO, 18.

11 AaO, 20.

12 AaO, 6.

Gemeindedienst geführt wird.[13] Dass eine neue Kirchenordnung das Kapitel ‹Ämter und Dienste› generell überarbeiten muss, ist zweifellos ein dringendes Postulat.[14] Wie man in dieser generellen Überarbeitung die Sonderstellung des Pfarramtes berücksichtigen will, wird eine Schlüsselfrage der neuen Ordnung sein. Für diese Diskussion bietet ein rein funktionales Amtsverständnis und der Rekurs auf einen diffusen Dienstbegriff zu wenig Orientierungshilfe. Um die Veränderungen im Berufsbild der Pfarrerin und des Pfarrrers und die Konsequenzen für die Kirche schärfer in den Blick zu bekommen, gilt es daher vorab zu klären, was der Sinn der alten Ordnung gewesen ist (II.). Von den typisch reformierten Pointen der Ämterlehre her ist weiter zu fragen, wo die Problemstellen dieser Ordnung in der gegenwärtigen Praxis verortet werden (III.). Und schliesslich sollen die ekklesiologischen Fragen, die mit einer möglichen Neuordnung des Amtes zu klären sind, genannt werden (IV.).

II. Reformierte Pointen in der Amtstheologie der Zürcher Kirchenordnung

1. Die Gemeinde wird beim Wort genommen

Der erste Artikel der gegenwärtigen Kirchenordnung fasst alles, was es zum theologischen Sinn dieser Ordnung zu sagen gilt, in der Präambel zusammen:

> Kirche ist überall, wo Gottes Wort auf Grund der Heiligen Schrift Alten und Neuen Testamentes verkündet und gehört wird, wo Menschen, durch den Heiligen Geist zum Glauben erweckt und zur lebendigen Gemeinschaft verbunden, Jesus Christus als das Haupt der Gemeinde und als den Herrn und Erlöser der Welt anerkennen und durch ihr Leben die Hoffnung auf das Kommen des Reiches Gottes bezeugen.[15]

Alles, was die Kirchenordnung regelt, muss diesem Grundsatz entsprechen. Er macht deutlich, dass sich die Kirche dem Wort Gottes verdankt und theologisch gesprochen, ein Geschöpf des göttlichen Wortes ist. Dort, wo dieses Wort den Glauben weckt und die Gemeinschaft stiftet, die Jesus

---

13 Die wissenschaftliche Reflexion solcher und anderer Spannungsfelder als «Konfliktzonen pastoraler Identität» ist nach Manfred Josuttis, Der Pfarrer ist anders, München 1991, 20f das Programm der modernen Pastoraltheologie.

14 Vgl. dazu Robert Leuenberger, Zur Frage der Ämter in der Kirche, in: Erwogenes und Gewagtes. Eine Sammlung seiner Aufsätze als Festgabe zum 70. Geburtstag, hg. v. Friedhelm Grünewald, Zürich 1986, 67–77, 75f.

15 KO Art. 1; Art. 44.

Christus als Herrn bekennt und durch ihr Leben bezeugt, ereignet sich Kirche.[16]

Nach dem Grundsätzlichen folgen die Artikel zur Kirchgemeinde und ihrem Auftrag. Erst im vierten Hauptteil ist vom Amt die Rede. Also kommt das Wort *vor* der Gemeinde und die Gemeinde mit ihrem Auftrag *vor* dem Amt. Peter Koller sieht in diesem Aufbau zu Recht «das Resultat eines bestimmten reformatorischen theologischen Grundsatzes, nämlich des evangelischen Priestertums aller Gläubigen.»[17] Das Urteil darüber, ob der Diener des göttlichen Wortes tatsächlich dem Wort dient, ist denn auch Sache der Gemeinde. Denn sie ist es, die den verbi divini minister beauftragt und ordiniert und sie ist es, die aufgrund der Heiligen Schrift überprüft, ob das Amt der Verkündigung sachgemäss ausgeübt wird.[18] Gerade darum ist das Predigtamt für das Leben der Gemeinde unverzichtbar, weil der Prediger nicht nur ein Diener der Gemeinde, sondern aufgrund seiner Berufung und kraft des Geistes ein Diener des Wortes ist, von dem die Gemeinde lebt. Dieses Amt kann deshalb nicht ein ‹Geschöpf› der Gemeinde sein. Es lässt sich nicht aus dem Priestertum aller Gläubigen ableiten. In der Kirchenordnung wird diese Spannung zwischen Dienst am Wort als Dienst für die Gemeinde mit der Formel aufgenommen, dass der Pfarrer und die Pfarrerin gebunden durch das Gelübde «in der Wortverkündigung frei»[19] sind.

Der Bau dieser Ordnung steht und fällt mit dem theologischen Gewicht, das die Väter der Kirchenordnung in Treue zum reformatorischen Erbe dem Wort Gottes gegeben haben. Gemeinde wird beim Wort genommen. Die Fundamentalunterscheidung von Wort und Kirche gibt dem Pfarramt mehr Gewicht als den anderen Ämtern, weil es an das Predigtamt gebunden ist.[20] Denn nur die ausgebildete Theologin, die wahlfähig ist und von der Gemeinde auch tatsächlich gewählt wird, hat das Recht öffentlich den Dienst der Verkündigung des Gotteswortes in Predigt, Taufe, Abend-

---

16 Eine Kirchenordnung ist keine Garantie dafür, dass sich Kirche ereignet. Das wäre – mit Emil Brunner – ein Missverständnis. Gerade weil die Kirche nie behaupten kann, dass in ihr das Wort immer glaubwürdig und gemeinschaftsstiftend verkündigt und gehört wird, braucht sie eine Ordnung, die den Dienst am Wort vorschreibt.

17 Peter Koller, Pfarrer – Kollektivum – Einzelner, in: Jakob/Strub, 116–125, 118.

18 Ingolf Dalferth, Auf dem Weg der Ökumene, Leipzig 2002, 152 spricht diesbezüglich von einem zweifachen Bildungsauftrag: Es gehört zur Grundaufgabe der Kirche ihre Glieder durch Bildung dazu instand zu setzen, die Verkündigung aufgrund der Schrift zu prüfen und sie verpflichtet sich, eine theologische Ausbildung für das Pfarramt zu verlangen.

19 KO Art. 119.

20 Das muss nicht zwingend so sein. Es gibt Gründe, das Pfarramt und das Predigtamt nicht gleichzusetzen. Vgl. dazu Okko Herlyn, Sache der Gemeinde. Studien zu einer Praktischen Theologie des ‹allgemeinen Prietertums›, Neukirchen-Vluyn 1997, 36–59, 58. Herlyn argumentiert sehr pointiert in der Tradition der ‹Wort Gottes-Theologie›.

mahl, Seelsorge und Unterricht wahrzunehmen.[21] An der theologischen Ausrichtung der Grundsatzartikel will man festhalten, weil diese «reformierte Identität» ausdrücken.[22]

2. Geistbegabung aller Gläubigen und Predigtamt bei Zwingli

Ist die zentrale Stellung, die das ministerium verbi divini für die Gemeinde hat, reformiertes Erbe? Die Frage ist berechtigt. Kennzeichen der Reformierten ist die vehemente Behauptung des Priestertums aller Gläubigen.[23] Im evangelischen Kontext wird von der Taufe als einer «Ordination der Laien» gesprochen.[24] Für die Zürcher Reformation ist eine andere Herleitung typisch. Huldrych Zwinglis tiefes Vertrauen in die Macht des Geistes liessen ihn glauben, dass jeder Mensch ein Geistlicher und damit auch ein Amtsträger im eigentlichen Sinne werden kann.[25] Denn jeder, der hören und lesen kann, ist in der Lage, das Wort Gottes zu vernehmen.[26] Das heisst freilich nicht, dass jeder, der das äussere Wort vernimmt oder es weitersagt, es auch verstanden hat. Ob nämlich jemand versteht, ist Sache des Geistes, der durch die Bildung in Bewegung gesetzt wird und Sache des Heiligen Geistes, der sich im Inneren des Menschen bezeugt. Allein das Selbstzeugnis des Geistes, das innere Wort Gottes, gibt den Gebildeten und Erleuchteten die rechte Gewissheit. In seiner Predigt über die Klarheit und Gewissheit des Wortes Gottes kommt Zwingli aufgrund seiner Geistlehre zu radikalen Aussagen das Lehramt betreffend: «Werden Gläubige von Gott belehrt», versichert er, «so werden sie deutlich, sicher und genau belehrt. Müssten aber Menschen sie erst bestätigen und vergewissern, so sollten sie besser Menschen- statt Gottesgelehrte genannt werden ... Ihr müsst ‹theodidacti›, das heisst von Gott, nicht von Menschen Belehrte sein.»[27] Das Selbstzeugnis des Geistes – und nicht ein allgemeines

---

21 KO Art. 110; Art. 119.

22 reform06, 10.

23 Etwas gemässigter als Herlyn (s. Anm. 20) Hans-Martin Barth, Einander Priester sein, Göttingen 1990.

24 So Klaus-Peter Jörns, Die Taufe ordiniert zum geistlichen Stand, in: Jürgen Henkys/Birgit Weyel (Hgg.), Einheit und Kontext, FS Peter Bloth, Würzburg 1996, 213–237. Anders Dalferth, 188, der mit dieser Analogie das Missverständnis bestärkt sieht, dass die Ordination der sakramentalen Handlung der Taufe entsprechend den VDM zum Geistlichen weiht. Die Ordination ist ordnungsgemässe Beauftragung und kein Heilsmittel.

25 Am eindrücklichsten zeigt sich diese Verknüpfung von Geistlehre in der frühen Schrift «Die Klarheit und Gewissheit und Untrüglichkeit des Wortes Gottes», in: Huldrych Zwinglis Schriften, hg. v. Thomas Brunnschweiler und Samuel Lutz, Zürich 1995, 105–154, 146ff.

26 AaO, 132.

27 AaO, 134.

Amt – ist die Grundlage dafür, dass die Gläubigen in der Lage sind, die
Verkündigung aufgrund der Schrift zu prüfen und notfalls den Amtsträ-
gern das Wort zu verbieten.

Nun musste Zwingli seinen Enthusiasmus bekanntlich zügeln und sein
charismatisches Kirchenmodell mit der Zeit modifizieren. Grund waren
die Täufer. Sie haben Zwinglis Geistpredigt beim Wort genommen und
wurden deshalb zu schwierigen Weggenossen. Um das begonnene Werk
der Reformation nicht zu gefährden, sah sich Zwingli gezwungen, die offene Flanke seiner Geisttheologie zu schliessen und theologische Gründe
dafür zu finden, dass der römische abusus der Amtsmacht den usus des
Amtes nicht aufhebt. Auf dieser Linie argumentierend versuchte Zwingli
die Täufer davon zu überzeugen, dass auch das allgemeine Priestertum der
Gläubigen das Predigtamt nicht aufhebt. In seiner Schrift «Von dem Predigtamt» hält Zwingli den Täufern entgegen:

> «Es füegt ouch nit, dass sy hie ynredend uss 1. Petr 2,5 und 9: ‹Wir sind all priester›;
> dann ich red hie nit vom gewycht syn oder nit, sunder vom ampt des lerenden. Es ist
> waar, wir sind all gewycht gnuog zuo der pfaffheyt ... Aber wir sind ye nit all apostel
> und bischoff.» [28]

3. Das ministerium verbi divini dient dem bonum commune

Die Grundlage der zwinglischen Amtstheologie ist – wie seine Wort-
theologie – eine doppelte: die interne Berufung durch den Geist und die
externe Berufung in ein öffentliches Amt.[29] Geisttheologie und Amtstheologie sollen unterschieden, aber nicht getrennt werden. Zwingli macht
den Geist stark, weil er damit die Freiheit der prophetischen Rede, die das
kirchlich verordnete Amt beurteilen und kritisieren muss, begründen
kann.[30] Und das Predigtamt machte er stark, ja bezeichnet es als sakrosankt, gerade weil das Wort Gottes grösser und wichtiger ist, als alle anderen menschlichen Lehren. Deshalb brauchen Kirche und Staat das mini-

---

28 Huldrych Zwingli, Von dem Predigtamt, in Z IV 430,25–431,3, zit. aus: Hans Scholl,
   Nit fürchten ist der Harnisch. Pfarramt und Pfarrerbild bei Huldrych Zwingli, in:
   Heiko Augustinus Oberman u. a. (Hgg.), Reformiertes Erbe (FS Gottfried Wilhelm
   Locher), Zürich 1992, 361–392, 366. Dalferth, 188, trifft Zwinglis Intention, wenn
   er den Unterschied zwischen dem öffentlichen Amt und dem allgemeinen Zeugnis-
   dienst so festhält: «Alle Getauften sind als durch den Geist berufene Glieder des Lei-
   bes Christi geistlich, aber nicht alle Geistlichen sind auch zur öffentlichen Verkündigung befähigt und beauftragt.»

29 Man kann in der umgekehrten Reihenfolge unterschiedlicher Gewichtung von vocatio interna und vocatio externa einen Unterschied zwischen der reformierten und
   lutherischen Amtstheologie erkennen.

30 Vgl. dazu Hans Stickelberger, Die Stimme von den Bänken, in: Oberman, 411–418,
   416.

sterium verbi divini notwendig.[31] Dieses Amt ist heilig. Heilig sind weder die Geisttreiber noch die Bischofmützenträger, die eine unnütze Last und am Leib der Kirche dasselbe sind, was Geschwür und Buckel am menschlichen Leib. Heilig ist der Dienst jener Diener, die belehrt durch Gott lehren und getröstet von Gottes Geist trösten, schrecken und heilen.[32]

Man fragt sich, ob ein Diener der mit der Gnade des Staates Prophet sein darf, diesen heiligen Dienst auch immer ausführen wird. Denn Zwinglis Hirte ist bei Lichte betrachtet ein Beamter. Zwingli hat sich selbst mit Sicherheit nicht so verstanden. Sein Pfarrerbild trägt die Züge seiner eigenen prophetischen, politischen und seelsorgerlichen Tätigkeit.[33] Wichtig für das Verständnis seines Predigt- und Hirtenamtes ist auch die Tatsache, dass es auf dem Verständnis der Kirche und ihrer Funktion für das Gemeinwohl aufbaut.[34] Der Reformator lernte in der Auseinandersetzung mit den Schwärmern zwischen einer reinen Kirche, in der sich nur Erweckte einfinden, und dem corpus mixtum der sündhaften Kirche, in der sich das ganze Gemeinwesen versammelte, zu unterscheiden. Weil Zwingli überzeugt war, dass die menschliche immer auf die göttliche Gerechtigkeit bezogen bleiben muss, brauchte es einen öffentlichen Ort, an dem Gottes Güte, Gerechtigkeit und Weisheit zu Wort kommt. Zwingli entschied sich für die Reformation der Kirche innerhalb und nicht ausserhalb des Gemeinwesens. Kirche konnte für ihn nur Volkskirche sein und das Amt musste ein öffentliches sein, weil das Evangelium auf den Plätzen gepredigt und im Alltag für das Gemeinwohl gelebt wird.[35] Im Licht dieser ekklesiologischen Entscheidung ist auch das Werden seiner Amtstheologie zu sehen, die nicht dem Amt, wohl aber den Täufern Kopf und Kragen kostete. Zwingli glaubt daran, dass Stadt und Land und nicht nur die Kirche durch die öffentliche Verkündigung semper reformanda sind. Der Zusammenhang zwischen Geisttheologie, Priestertum aller Gläubigen, öffentlichem Verkündigungsamt und Gemeinwohl ist die Pointe der zwinglischen Amtstheologie.

---

31 Zwingli sagt in «Fidei ratio», Z IV, 125: «Zehntens glaube ich, dass das Amt der Prophetie oder der Verkündigung unantastbar (sacrosanctum esse), ja dass es von allen Ämtern das notwendigste (summe necessarium) sei.»

32 Z IV, 126.

33 Vgl. Huldrych Zwingli, Der Hirt, in: Z I, 249–312.

34 Scholl, 387 sieht die Pointe in Zwinglis Amtsverständnis darin, dass der Diener des Wortes als Wächter des göttlichen Rechtes in Staat und Gesellschaft auch ein «Diener des gemeinen Nutzens» ist.

35 Vgl. dazu Werner Gysel, Gesellschaft, Staat und Kirche in Zwinglis Reformation in: Jakob/Strub, 350–355, 353: «Wenn die gegenwärtige Kirchenordnung der evangelisch-reformierten Zürcher Kirche diese an ihren Ursprung in der heutigen Verkündigung des Alten und Neuen Testamentes weist und diese in alle Lebensbereiche hinaus und hineinandenken und reden lassen will, so steht sie darin gewiss in ausgesprochen zwinglischer Tradition.»

III. Die Krise des Pfarramts als Chance der Kirche?

1. Die Pfarrerzentrierung als Misere der Kirche

Die Skizze des geschichtlichen Hintergrunds von Zwinglis Position und Opposition gegen den täuferischem Enthusiasmus und das katholische Priesteramt geben eine Vorstellung davon, wie spannungsvoll das evangelische Amtsverständnis ist. Der reformierte Pfarrer ist weder ein Priester der Amtskirche noch ist er ein freier Charismatiker und doch hat er als Hirte der Gemeinde von beidem einen gewissen Nimbus oder einen Habitus geerbt.[36] Man könnte dazu kritisch bemerken, dass die Unsicherheit die Folge einer Kompromisslösung sei. Die Irritationen rund ums Pfarramt sind aber nicht allein als Ursache einer theologischen Indifferenz zu sehen; sie rühren auch daher, dass sich die Gewichte zwischen Kirche und Gesellschaft seit der Reformation wesentlich verschoben haben. Welche Rolle spielen der Pfarrer oder die Pfarrerin, wenn das Priestertum aller Gläubigen nicht spielt? Welche Form und welches Gewicht hat die öffentliche Verkündigung, wenn die kirchliche Öffentlichkeit eine von vielen Öffentlichkeiten geworden ist? Wie die Situation der Kirche in der Gegenwartskultur wahrgenommen und verstanden wird, beeinflusst die Wahrnehmung und das Verständnis der Pfarrerrolle.[37]

Seit den 60er Jahren werden diese Fragen mit wechselnden Akzenten in der Theologie und der kirchlichen Öffentlichkeit besprochen.[38] Dass es nicht gelang, die Mündigkeit der Gemeinde, die notabene eine Voraussetzung des reformatorischen Amts- und Schriftprinzips ist, institutionell zu verankern, ist ein unbestrittenes Faktum, dass diese Diskussion von An-

---

36 So ist auch in der lutherischen Orthodoxie der Habitus des Theologen zwar habitus acquisitus und insofern Sache geistiger Anstrengung, aber als dieser auch «durch die gnädige Erleuchtung des Heiligen Geistes bewirkt» (David Hollaz, Examen theologicum acroamaticum, 1707 = NDr Darmstadt 1971, I,16). Dass aus dem Theologen ein Geistlicher wird, der sich durch seine Geistlichkeit von den Laien unterscheidet, ist nicht ein zwingender, aber ein möglicher Schluss dieser Definition.

37 Diese Überlegungen sachgemäss und zeitgerecht zu kombinieren, ist die Aufgabe der Praktischen Theologie, jener Wissenschaft also, die sich aus einer pastoralen Methodenlehre entwickelt hat. Zum fundamentaltheologischen Aspekt vgl. Gerhard Ebeling, Studium der Theologie. Eine enzyklopädische Orientierung, Tübingen, 1975, 119ff. zum historischen Aspekt vgl. Christian Grethlein/Michael Meyer-Blanck, Geschichte der Praktischen Theologie, Leipzig 1999.

38 Die Problemanalyse – Stichworte: Säkularisierung, Privatisierung, Rationalisierung etc. – stand unter dem Einfluss und im Bann der soziologischen Aufklärung. Die Lösungsvorschläge – Restrukturierung, Modernisierung, ein neues Missionsverständnis, die Würdigung der Laien als Volk Gottes etc. – sind inspiriert von der theologischen Avantgarde der ökumenischen Bewegung.

fang an begleitete.[39] Die Debatte kreiste immer auch um die beiden Stichworte «Volkskirche» und «Pfarramt». Ein eindrückliches Beispiel für den Beginn der Diskussion im Kontext der Zürcher Landeskirche bietet das Buch «Kirche ohne Illusion» von Hans-Heinrich Brunner.[40] In seinem 1968 als gedankliches Experiment abgefassten Bericht setzt Brunner voraus, dass sich Staat und Kirche 1983 definitiv trennen. Er stellt sich die Frage, wie diese neue Situation fünfzehn Jahre später verstanden und verarbeitet sein wird. Seine Aussagen sind exemplarisch für das Unbehagen mit dem Pfarramt in der Volkskirche und spiegeln die zeitgenössische Diskussion der 60er Jahre.[41] Brunner meint:

> «Im Rückblick lässt sich wohl noch deutlicher als früher erkennen, dass das Problem des ‹Pfarrernachwuchses›, das der Kirche einst so schwere Sorgen bereitete, seine wichtigsten Ursachen im Konzept des ‹Gemeindepfarrers› hatte. Das Leitbild des Pfarrers als ‹Gemeindehirte› war wohl in einem übersichtlichen, kleinmassstäblichen Sozialgefüge sinnvoll, verlor aber in einer dynamisch gewordenen Gesellschaft seinen Platz und führte lediglich zu einer Unzahl von Ansprüchen aus dieser Gesellschaft, denen der Einzelne unmöglich gerecht werden konnte. Zudem bewirkte dieses Leitbild das, was man die ‹Selbstentmündigung der Gemeinde› nennen könnte. Es liess die verschiedenen Funktionen, die zu einer Gemeinde gehören, nicht selbständig zur Geltung kommen, sondern konzentrierte diese kurzerhand auf eine einzige Person.»[42]

Brunners Lösung bestand darin, das ‹Priestertum aller Gläubigen› durch die Schwächung – er spricht sogar von Abschaffung – des Pfarramtes zu stärken.[43] Anstelle der Gemeinde vor Ort setzte er auf Regionalgemeinden, die Territorialkirche wird zur evangelischen Dienstgemeinschaft, es gibt kein Pfarramt und keine Amtsgeistlichkeit mehr, sondern nur noch theologische Mitarbeiter.

---

39 Friedrich Mildenberger, Biblische Dogmatik, Bd. 1: Prolegomena, Stuttgart/Berlin/Köln 1991, 27. Gerade weil die einfache Gottesrede, die überall und immer von jedem Christen in Anspruch genommen wird, kritisch begleitet werden soll, braucht es Theologie. Die Machtstellung der kirchlichen Amtsträger hat dieses Reden aber nicht ermutigt, sondern eher unterdrückt (28). Und: «Das gleiche gilt auch von der theologischen Wissenschaft, sofern diese die Kompetenz der Glaubensbegründung an sich zieht» (28).

40 Hans Heinrich Brunner, Kirche ohne Illusionen. Experimenteller Report aus der Zeit nach dem 7. Juli 1983, Zürich ²1969.

41 Vgl. Strukturproblme der Kirche, hg. vom Berner Synodalrat, Bern/Stuttgart 1968; Yorick Spiegel, Der Pfarrer im Amt, München 1970.

42 Brunner, 82f.

43 AaO, 87.

2. Ein strukturelles Dilemma

Wenn auch vieles von dem, was Brunner in seiner Rückschau vorausge-
sehen hatte, nicht eintraf, tauchen doch einige der Stichworte von damals
– z.B. das der Regionalisierung – heute wieder auf. Und die Kritik am
Pfarramt ist ebenfalls nicht verstummt. Mehr oder weniger ist man sich
unter den Kritikern einig: die Pfarrerzentrierung ist ein Übel. Aber es sind
auch Divergenzen zu beobachten. Sowohl über die Gründe, die zur pro-
blematischen Kumulation der Ämter im Amt geführt haben als auch über
die Lösungsstrategien herrscht, wen überrascht's, Uneinigkeit. Der deutsche Theologe Christian Grethlein beispielsweise sieht den Hauptgrund
für die Klerikalisierung in der jahrhundertelangen Marginalisierung der
Taufe.[44] Wieder andere verorten wie Brunner die Wurzel des Übels in der
Struktur des Pfarramts selbst, drängen aber auf eine Stärkung der Gemeinde vor Ort.[45] Wolfgang Bittner beispielsweise führt die Überlastung des
Pfarrers auf eine fatale Delegationsspirale zurück. Die pfarrerzentrierte
Kirche lähme das Priestertum aller Gläubigen, weil die Überlastung den
Pfarrer in seinem eigentlichen Dienst, dem Aufbau der Gemeinde,
lähmt.[46] In dieselbe Kerbe schlägt der deutsche Pfarrer Klaus Douglass,
der in einem viel beachteten Referat im Rahmen der Aussprachesynode in
Uster den Synodalen vorschlägt, das herkömmliche Pfarramt und damit
das pfarrerzentrierte Gemeindemodell abzuschaffen.[47]
   Die Kritik der meisten Kritiker, so disparat sie dann im Detail wieder
sein mag, hat einen roten Faden. Das herkömmliche Pfarramt verfehlt seinen Zweck, weil es den Aufbau der Gemeinde behindert oder sogar verhindert. Die These ist zwar eingängig, aber auch zwiespältig. Wenn nämlich nur die Pfarrerzentrierung der Grund für die Misere sein soll, wird die
Komplexität der Sachlage, das *strukturelle Dilemma* der Volkskirche, erheb-
lich reduziert und simplifiziert.[48] Lilli Binzegger fasst im Editorial eines
NZZ-Folio zum Thema «Protestanten» dieses Dilemma so zusammen:

«Die reformierte Kirche ist eine Art Basisdemokratie, mit allen ihren Nachteilen. Sie
lässt zwar wenig Raum für Missbrauch, macht aber Nichtgebrauch ihres Angebots

---

44 Christian Grethlein, Pfarrersein heute, in: Deutsches Pfarrerblatt 99, 1999, 10–13,
   10: «Denn gerade in diesem Sakrament liegt der Grund für die kühne Behauptung
   vom allgemeinen Priestertum aller Christen und den ihnen anvertrauten Charismen.»
45 Wolfgang Bittner, Kirche wo bist Du?, Zürich 1993, 80.
46 AaO, 61–69.
47 Vgl. RP Nr. 39, 27. September 2002, 4.
48 Zum organisationsstrategischen Dilemma der Grosskirchen vgl. Alfred Dubach,
   Bindungsfähigkeit der Kirchen, in: R. J. Campiche/ders., Jede/R ein Sonderfall, Zü-
   rich/Basel 1993, 133–172, 166ff.

leichter als hierarchische Institution. Wozu soll man, als zahlendes Mitglied notabene, einer Kirche angehören, die einem vor allem Selbstverantwortung aufträgt?»[49]

Mit anderen Worten: Das herkömmliche Pfarramt ist so stark, weil es keine Macht hat, das Volk der Volkskirche zu irgendetwas zu zwingen.[50]

Das ist freilich nur die eine Seite des Dilemmas. Denn die Kirche, die öffentlich-rechtlich anerkannt ist, braucht eine offizielle Repräsentation, um ihren Auftrag als sinn- und wertstiftende Organisation von allgemeinem öffentlichen Interesse auszuführen.[51] Dies gilt auch dann, wenn diese Institution keine flächendeckende Volkskirche mehr ist. Die Landeskirche ist eine Grosskirche für einen Teil der Bevölkerung des Kantons geworden. Wer das Amt als den strukturellen Sündenfall kritisiert, durch den die aktive Beteiligung des Kirchenvolkes verhindert wird, muss zur Kenntnis nehmen, dass die Stabilität der Grosskirchen wesentlich davon abhängt, dass die Mitglieder *nicht* zur aktiven Teilnahme gedrängt werden. Der Pfarrer und die Pfarreien sind für die Mitglieder, die in Halbdistanz zur Organisation leben, die Garanten für das diskrete Funktionieren der religiösen Grundversorgung und gleichzeitig eine Garantie dafür, dass man ihnen nicht zu nahe tritt.[52] Schliesslich sind die Theologen, die an einer Universität ausgebildet werden, staatlich akkreditiert und gehören – in Ausnahmefällen – nicht zu einer Sekte.

Die heftigsten Kritiker dieser Mechanismen sind in der Regel die Theologen selbst. Es ist natürlich verlockend, das Amt, das öffentlich, sichtbar und anfechtbar ist, für die Fehler dieses Modells zu kritisieren. Eine Einzelne oder ein Einzelner ist angreifbar, dem Kirchenvolk Desinteresse vorzuwerfen, ist wesentlich schwieriger. Das strategische Dilemma besteht

---

49 Lilli Binzegger, Kühl und Karg, in: NZZ Folio, Juni 2001, 3.

50 Soziologisch gesehen ist es daher irreführend, die Volkskirche nur als eine Institution zu bezeichnen. Sie ist auch eine formale Organisation. Institutionen – z.B. die Schule, Militär, Gericht – kommunizieren mit einem Autoritätscode, formale Organisationen regeln ihre Mitgliedschaft auf der Basis eines kündbaren Vertrags. Dass auch ein Staat mit dem ‹Trittbrettfahrersyndrom› zu kämpfen hat, ist eine Folge der Demokratisierung seiner institutionellen Gestalt. Dennoch gilt es den Unterschied zu beachten: Der Kirchenaustritt ist möglich, ein ‹Staatsaustritt› nicht. Vgl. dazu Ralph Kunz, Theorie des Gemeindeaufbaus, Zürich 1997, 252ff.

51 Vgl. dazu die Empfehlungen für eine Neuordnung der Finanzierung kirchlicher Leistungen von Charles Landert, Die Neuordnung des Verhältnisses zwischen dem Kanton Zürich und den öffentlich-rechtlich anerkannten Kirchen und Wege zur Finanzierung kirchlicher Leistungen, Zürich 1999, 74ff.

52 Der Zusammenhang zwischen volkskirchlicher Stabilität und der gesellschaftlichen Anerkennung der pastoralen Profession ist ein Ergebnis der grossen kirchensoziologischen Untersuchungen in Deutschland, die in den 70er, 80er und 90er Jahren durchgeführt wurden. Vgl. Godwin Lämmermann, Einleitung in die Praktische Theologie. Handlungstheorien und Handlungsfelder, Stuttgart 2001, 188–196.

eben auch darin, dass die Amtsträgerin oder der Amtsträger, die vehement an den Gebrauch der kirchlichen Bildungsangebote und die Mitverantwortung der kirchlichen Mitgliedschaft erinnert, die Trittbrettfahrer zur Frage provoziert: Wozu denn Kirchensteuern zahlen, wenn die Pfarrerin ihren Job nicht selber machen will? Zahlreiche Analysen belegen, dass die Ursache für die Misere im Pfarramt nicht nur die Folge wachsender Ansprüche und gesteigerter Erwartungen ist. Das wäre wohl zu verkraften. Frustrierender ist die Erfahrung, dass das öffentliche Interesse am eigentlichen Kerngeschäft – der Sammlung und Sendung der Gemeinde durch die Verkündigung des Evangeliums – verschwindend gering ist.[53]

3. Zwei Lösungsstrategien

Eine Kirchenordnung soll nicht nur die tatsächlichen Gegebenheiten spiegeln, sondern Leitplanken geben, um eine Kirche zu erglauben, die weiter und grösser ist, als das, was heute sichtbar ist.[54] Wie auch immer diese Vision der kommenden Kirche aussieht, die Positionierung des Pfarramtes ist und bleibt ein Schlüssel ihrer zukünftigen Gestalt. In der Diskussion über die Stellung des Amtes lassen sich pointiert gesagt zwei strategische Handlungsoptionen unterscheiden: Die einen optieren für die generelle Professionalisierung der Gemeindedienste, um das Überleben der Volkskirche zu sichern. Andere betonen demgegenüber, dass in erster Linie die Dienstgemeinschaft aufgebaut werden soll, weil nur in ihr der Glauben zum Leben kommt.[55] In beiden Optionen ist – aus unterschiedlichen Gründen – der Abschied vom volkskirchlichen Generalisten und eine gewisse Spezialisierung des Pfarrberufes vorgesehen.[56]

---

53 Vgl. Eberhard Winkler, Art. Pfarrer. II. Evangelisch, in: TRE 26, 1996, 360–374, 366: «Die geistliche und seelische Situation der deutschen Pfarrer wird durch den Widerspruch belastet, dass sie einerseits unter einem Überlastungssyndrom leiden, weil immer neue und höhere Anforderungen an sie herangetragen werden, und andrerseits sich die Mehrheit der Menschen in zunehmendem Masse an ihrer Arbeit desinteressiert zeigen.»

54 Vgl. Christian Möller, Spiritualität und Gemeindeaufbau, in: Ralph Kunz (Hg.), Gemeindeaufbau konkret, Zürich 2001, 147ff.

55 Man kann diese Optionen – mangels eines besseren Vorschlags – volkskirchlicher Gemeindentwicklung und missionarischer Gemeindeaufbau nennen. Vgl. Christian Möller, Lehre vom Gemeindeaufbau, Göttingen 1989.

56 Allerdings mit unterschiedlichen Akzenten. Bei Werner Kramer, Berufsbild Pfarrer/Pfarrerin, hg. v. Pfarrverein des Kantons Zürich, Winterthur 1991, 25ff geht es darum, dass sich die Allround-Pfarrerin und der Allround-Pfarrer in einer Sparte seines Berufes spezialisiert und entsprechendes Know-How aneignet. Anders sieht das Douglass (s. Anm. 47): Der künftige Pfarrer spezialisiert sich darauf, ‹Trainer› seiner Gemeinde zu sein.

In Richtung Gemeinschaftskirche weisen Modelle, die die Beteiligung der Gemeinde forcieren, aber das Pfarramt – anders als das Brunner propagierte – nicht abschaffen, sondern ganz für den Aufbau der Dienstgemeinschaft reservieren wollen. Man nutzt die gesellschaftliche Akzeptanz der Profession «als zentraler Bezugsperson»[57] für die Stärkung der Mitarbeitergemeinde, die eben mehr als nur die Entourage des Pfarrers ist. Diese Strategie ist zweifellos angeregt von der Idee des *missionarischen Gemeindeaufbaus*, wie er in den 80er Jahren von Fritz und Christian Schwarz propagiert worden ist.[58] Inspiratoren dieser Gemeindeaufbau-Theologie sind nicht zufällig die zwei reformierten Schweizer Theologen Emil Brunner und Rudolf Bohren. Das Plädoyer von Bohren gegen die Baalisierung der Kirche im Kasualdienst enthält in nuce die Idee einer Gemeindekirche auf der Grundlage des allgemeinen Priestertums.[59]

Es ist unwahrscheinlich, dass sich die Zürcher Kirche für dieses Modell entscheidet. Der Trend geht eher in Richtung «schlanke Volkskirche». Der wachsende ökonomische Druck zwingt die Kirchen wie andere Nonprofitorganisationen auch zu einem professionelleren Management ihrer begrenzten Ressourcen und zur Reorganisation ihrer – zum Teil ineffizienten – Strukturen. In den letzten Jahren hat sich aber auch die Einsicht breit gemacht, dass «die Grenzen des pastoralen Managements ... eben in dem Wissen [liegen], dass auch der kirchliche Mitarbeiter sein ‹Unternehmen› nicht alleine betreibt, sondern als Glied einer arbeitsteiligen ‹Zeugnis- und Dienstgemeinschaft›.»[60]

4. Die Misere der Pfarrer als Chance der Kirche?

Dienstleistungsorganisation und Dienstgemeinschaft sind keine Alternativen. Es geht um die sachgemässe Kombination der beiden fundamentalen Aspekte des kirchlichen Auftrags. Wie dies am besten geschieht, ist das Thema der Kybernetik.[61] In der Auseinandersetzung zwischen volkskirchlichem und missionarischem Gemeindeaufbau wurde denn auch der Begriff der sogenannten «Doppelstrategie» geprägt. Gemeint ist damit ein kluges Sowohl-als-auch, das der Realität der Volkskirche in ihrer gegen-

---

57 Vgl. Lämmermann, 188.

58 Fritz u. Christian A. Schwarz, Theologie des Gemeindeaufbaus, Neukirchen-Vluyn 1984. Das Gemeindeaufbauprogramm von Schwarz wurde von Michael Herbst, Missionarischer Gemeindeaufbau in der Volkskirche, München ²1988, weiter entwickelt.

59 Rudolf Bohren, Unsere Kasualpraxis – eine missionarische Gelegenheit? (TEH 147) München ³1968.

60 Jan Hermelink, Pfarrer als Manager?, in: ZThK 95, 1998, 536–564, 561.

61 Vgl. dazu Herbert Lindner, Kirche am Ort. Ein Entwicklungsprogramm für Ortsgemeinden, Stuttgart 2000.

wärtigen Form Rechnung trägt und die Vision der Gemeindekirche nicht aus den Augen verliert.[62]

Damit wird aber das Problem der Pfarrerzentrierung nicht gelöst, sondern noch verschärft. Das Amt muss an der Legitimations- und Repräsentationslast der Dienstleistungsorganisation mittragen und gleichzeitig die Animation der Beteiligungskirche mitverantworten. Wer im Pfarrberuf arbeitet, läuft deshalb leicht Gefahr auszubrennen. Im Visitationsbericht der evangelisch-reformierten Landeskirche Basel-Land steht der alarmierende Satz: «In mehr als der Hälfte der Kirchgemeinden besteht das Gefühl, die Pfarrer seien überlastet.»[63] Als Gründe werden u.a. die Belastung durch administrative Arbeit, Mängel in der Arbeitsorganisation, grosse Unterrichtspensen und die prinzipielle Uferlosigkeit der Arbeit genannt. Solche und ähnliche Klagen ziehen sich wie ein roter Faden durch die meisten kirchlichen Visitationsberichte der letzten Jahrzehnte.[64] In diesem Punkt sind sich also beinahe alle einig: Das Pfarramt muss entlastet werden. Die Frage ist, worauf sich das Amt zukünftig konzentrieren soll.

Einen interessanten Vorschlag macht der Neuenburger Praktische Theologe Pierre-Luigi Dubied. Mit klaren Strichen zeichnet er die Krise des Pfarramts als eine berufliche Identitätskrise.[65] Diese Krise ist aber nicht nur negativ zu sehen, sondern auch als Ansatzpunkt für eine Neuorientierung. Denn sie eröffnet dem Pfarrerberuf eine doppelte Chance: «die Gelegenheit, den Beruf neu zu definieren und ihm zugleich von neuem einen Sinn zu verleihen, im direkten Austausch mit den Problemen der

---

62 Zur Doppelstrategie vgl. Herbst, 228ff. Siehe auch Werner Kramer, Auf dem Wege, Kirche zu sein unter den Bedingungen der Gegenwart, in: Jakob/Strub, 20–25, 25: «Kirche wird auch dort, wo sie eine Organisationseinheit bleibt, in sich eine differenzierte Gestalt haben.»

63 Volkskirche mit Zukunft. Bericht über die Visitation 1995/96, hg. v. der Visitationskommission der Evangelisch-reformierten Kirche des Kantons Basel-Landschaft, Liestal 1996, 37–45, 37.

64 Man wird bei einer Analyse der Probleme mit Christoph Morgenthaler, Systemische Seelsorge, Stuttgart ²2000, 283 auch das System Kirchgemeinde berücksichtigen müssen. Denn überfunktionierende Pfarrer und Pfarrerinnen verstärken auch das Überfunktionieren der Gemeinde. «Dann sind Pfarrer und Pfarrerin die ‹identifizierten Ausgebrannten› einer Gemeinde, die durch ihre Struktur dieses Ausbrennen provoziert.»

65 Pierre-Luigi Dubied, Die Krise des Pfarramts als Chance der Kirche, Zürich 1995, 22. Zu ähnlichen Schlüssen kommt auch Albrecht Grözinger, Die Kirche – ist sie noch zu retten? Anstiftungen für das Christentum in postmoderner Gesellschaft, Gütersloh 1996. Ausgehend vom Verlust der Grosserzählungen in der Postmoderne sieht Grözinger das evangelische Pfarramt der Zukunft in seiner Struktur ähnlich dem Rabbinat der jüdischen Gemeinde (141). Das Pfarramt ist ein «intellektuelles Amt».

Welt.»[66] Das Schlüsselwort dieser Neuorientierung heisst Interpretation. Der Pfarrer ist nicht der Animator oder Moderator, sondern in erster Linie der *Interpret* aus Lebensnotwendigkeit wie aufgrund seiner Kompetenzen. Denn «die theologische Arbeit gehört zu seiner Bedingtheit als Mensch und Glaubender; er interpretiert sich selbst, indem er die Schrift, die Überlieferung, den Menschen, das Leben und die Welt interpretiert. Er interpretiert sie, indem er sich selbst interpretiert.»[67]

Dubieds Vorschlag einer Konzentration auf die Interpretationsarbeit ist nicht unproblematisch. Er könnte in der Weise missverstanden werden, dass anstelle einer geistlichen eine intellektuelle Elite treten soll, ein Missverständnis, das in der reformierten Tradition durch die Wortzentrierung nahe liegt. Wenn aber ein wesentlicher Teil der beruflichen Identität des Pfarrers und der Pfarrerin im *Gottesdienst* – insbesondere in den Kasualgottesdiensten und Feiertagen – öffentlich zum Ausdruck kommt, muss die Interpretationsarbeit auch ästhetisch verstanden werden. Die theologische Konzentration pastoralen Tuns müsste also begleitet sein von einer liturgischen Ausbildung, die diesen Namen verdient.[68] Am Beispiel des Gottesdienstes lässt sich auch ein zweites Missverständnis aufdecken. Die Konzentration des Amts erfüllt sich gerade nicht als Zentrierung auf die Person, die dieses Amt inne hat. Der Pfarrer ist nicht *der* Liturge, sondern Teil der Gottesdienstgemeinde. Sie hat das Amt und den Charme, Gott zu loben. Zur liturgischen Kompetenz gehört, die Entdeckung, Förderung und Begleitung der Charismen, die den Gemeindegottesdienst und die Gemeindearbeit im Alltag geistvoll machen.[69]

IV. ... auf dass sie auch künftighin die Wahrheit sagen

1. Welche Rolle spielt das Amt?

Die Auswertung von reform06 zeigt deutlich, dass die Grundlagen der gegenwärtigen Kirchenordnung auf hohe Akzeptanz stossen. Gleichwohl lassen die Rückmeldungen einen theologischen Klärungsbedarf in Fragen der Kirche und des Amtes erkennen. Der Ansatz von Dubied führt hier weiter als die schiefe Alternative zwischen Amt und allgemeines Priestertum, weil er das Amt nicht als Ursache, sondern die Krise im Amt als *Sym-*

---

66 Dubied, 172.

67 AaO, 178.

68 Vgl. Grethlein, 13. Zum Ausweg aus dem verengten Wortverständnis in der reformierten Tradition des Predigtgottesdienstes s. Ralph Kunz, Gottesdienst evangelisch reformiert, Zürich 2001, 447ff.

69 Siehe dazu auch Christian Grethlein, Pfarrer(in)sein als christlicher Beruf, in: ZThK 98, 2001, 372–398, bes. 380.395.

ptom einer tieferliegenden Krise erkennt. Dadurch ist ein Anschluss an die Grundsatzartikel der Kirchenordnung und notabene an das reformierte Erbe der Volkskirche möglich. Die Kritik an der Pfarrerkirche ist gleichwohl zu beherzigen. Sie macht deutlich, wie sehr die Amtsfrage mit der Ekklesiologie verknüpft ist. Denn das gegenwärtige Pfarrermodell *basiert* auf einem Modell der Volkskirche, das im gesellschaftlichen Kontext der 60er Jahre oder noch früher situiert ist. Ob das volkskirchliche Modell überhaupt eine Zukunft hat, hängt davon ab, wie es sich an die veränderten sozialen und gesellschaftlichen Verhältnisse der Gegenwart anpassen lässt.

Dass das Pfarramt in die Krise geraten ist, hat eben damit zu tun, dass die Volkskirche im Spannungsfeld zwischen der Dienstgemeinschaft von Ehrenamtlichen und der Dienstleistungsorganisation professioneller Mitarbeiter/-innen ihren Weg in die Zukunft noch finden muss. Wenn in der Volkskirche Glauben am Leben bleiben soll, müssen alle Kräfte darauf konzentriert werden, den Zusammenhang zwischen Dienstgemeinschaft und Dienstleistungsorganisation zu stärken. Welche Rollen die Pfarrerin in diesem Spannungsfeld spielen soll oder ob man das Amt gar auf *eine* Rolle, z.B. die des Trainers oder der Theologin konzentrieren soll, sollte gründlich und unter Berücksichtigung der gegenwärtig intensiv geführten pastoraltheologischen Diskussion geprüft werden.[70]

2. Leitplanken

Schnellschüsse sind kontraproduktiv. Damit diese Diskussion über den pastoralen Beruf konstruktiv geführt werden kann, sollte man überhaupt auf Schüsse – von der Kanzel und auf die Kanzel – verzichten. Protestantische Theologen neigen manchmal dazu, das Priestertum aller Gläubigen als Lösung für das Problem der Grosskirche anzupreisen. Dabei zielen und schiessen die schärfsten Schützen sehr oft auch auf sich selbst. Wenn aber das allgemeine Priestertum als Argument *gegen* das Amt ins Feld geführt wird, um damit die falsche Unterscheidung von Laien und Klerus zu kritisieren, wird es genauso «sakrosankt» wie das überfüllte Pfarramt.[71] Wenn sich die Protestanten nicht mehr im Klaren darüber sind, dass das Amt der Gemeinde dient, wird das Priestertum aller Gläubigen zur theologischen Nebelpetarde. Dabei bleibt erstens der Zusammenhang zwischen dem Auftrag aller Christen und dem *ministerium verbi divini* unklar. Zweitens wird nicht deutlich, was der theologische Sinn und der gesellschaftliche Ort des öffentlichen Amtes ist.

---

70 Das Thema brennt unter den Nägeln. Die Fachzeitschrift Pastoraltheologie widmete der pastoralen Profession zwei Themenhefte (89, 2000 H. 12 und 90, 2001 H. 9).

71 Immer noch lesenswert Hendrik Kraemer, Theologie des Laientums, Zürich 1959, 75–77.

Die Professionalität der Pfarrperson zeigt sich daran, ob sie fähig ist, die Charismen der Gemeindeglieder zu erkennen und zum Zuge kommen zu lassen.[72] Die Kritik der Pfarrerzentrierung ist genau deshalb so wichtig. Die Protestanten sind sich nicht mehr im Klaren darüber, dass das Amt der Gemeinde dient, weil sie es nicht so *erfahren*. Die theologische Klärung hilft den Nebel der schlechten Erfahrung lüften, sie kann aber die kybernetische Praxis, die beherzte und fröhliche Umsetzung des allgemeinen Priestertums nicht ersetzen. Eine Stärkung des geistlichen Lebens der Gemeinde ist nicht im Widerspruch zur evangelischen Amtstheologie begriffen, weil sie letztlich darauf zielt, die zentrale Funktion des Amtes, die Interpretation des Lebens, der Schrift und der Welt im Licht des Evangeliums, zu *stärken*. Das Pfarramt ist auch nur deswegen zentral, weil es und insofern es Jesus Christus als Herrn der Gemeinde ins Zentrum stellt *und* so die Gemeinde mündig werden lässt.[73] Wenn nur noch der Pfarrer redet, hat er zwar das Wort, aber die Gemeinde hat kein Brot. Das allgemeine Priestertum hinwiederum ist kein Ersatz, keine Ergänzung und keine Alternative zum öffentlichen Amt, sondern seine Begründung. Denn das ministerium verbi divini bedeutet nicht, dass einer das Sagen hat und alle anderen mundtot sind. Die verbi divini minister können durch ihre Interpretationsarbeit das Zeugnis nicht ersetzen, sondern tragen dafür Sorge, dass die Gemeinde ihren Auftrag, das Evangelium von Jesus Christus zu bezeugen, wahrnehmen kann.[74]

Wenn diese Zuordnung von Amt und Gemeinde sachgemäss ist, muss die zentrale Funktion des Predigtamtes von der Zentrierung aller Aufgaben im Pfarramt kritisch unterschieden und konstruktiv geschieden werden. Wie das geschehen kann, ist eine *kybernetische* und nicht nur eine *rechtliche* Frage. Die generelle Überarbeitung des Berufsbildes wird beide Aspekte berücksichtigen und in kluger Weise verknüpfen müssen. In einer Kirchenordnung wiederum werden die *theologischen Leitlinien* festgelegt, die dieser Überarbeitung die Richtung weisen. Diese Leitlinien sollen regeln, wie die Pfarrerin und der Pfarrer ins Berufsbild und dieses Berufsbild ins Bild der Kirche gesetzt wird. Wenn diese Ordnung «die von Huldrych Zwingli begonnene und gemäss den Beschlüssen des zürcherischen Rates

---

72 Vgl. dazu Lämmermann, 209: «Sie (die Pfarrer/-innen) werden insgesamt versuchen müssen, die ihnen zugeschriebene Dominanz der Präsentation der Gemeinde und der Interaktion zu reduzieren und nicht den Erwartungen nachzugeben, die sie zum monopolistischen Identifikationsobjekt machen wollen ... Zur theologischen Kompetenz gehören deshalb nicht nur theologische Kenntnisse, sondern vor allem die soziale Fähigkeit, sich von eigenen Ansprüchen wie von strukturellen Zwängen distanzieren zu können.»

73 Koller, 119.

74 Deshalb ist die Verkündigung des Evangeliums von der Bekräftigung des Evangeliums durch Wort und Tat (KO Art. 44) zu unterscheiden. Vgl. Dalferth, 154.

verwirklichte Reformation»[75] weiterführen soll, muss sie das Pfarramt so fördern, dass es dem Aufbau der Gemeinde dient und es so begrenzen, dass auch die Amtspersonen in ihrem Beruf Erbauung erfahren können. Um der Gemeinde willen – und nicht um irgendeine kirchliche Struktur am Leben zu erhalten – muss das Amt der öffentlichen Verkündigung nach Kräften gestärkt und nicht geschwächt werden. Auf dass der Bürger und die Bürgerin im Amt allen Geistlichen und Ungeistlichen auch künftighin die Wahrheit sagen kann!

---

75 KO Art. 3.

Erinnerungen

Huldrych Zwinglis Äusserungen zum Pfarramt in seiner Predigt und Schrift

«Der hirt. wie man die waren christlichen Hirten und widrumb die val-
schen erkennen, ouch wie man sich mit inen halten sölle» (1523/24)[1]

Jan Bauke

Vorbemerkungen: Am Vormittag des dritten und letzten Tages (28.10.1523)
der für die Durchsetzung der Reformation in der Schweiz so wichtigen
Zweiten Zürcher Disputation erörterte Huldrych Zwingli den rund 900
Teilnehmern der Disputation, darunter gut 350 Pfarrer, von der Kanzel
des Zürcher Grossmünsters herab, «[w]as und wie gross das *Ampt* des
Hirten, den wir ein Bischoff, Pfarrer, Lütpriester, Propheten, Evangelisten
oder Predicanten nennen, sye» (Z III, 13,15–17). Die Bezeichnung des
Pfarrers (samt seiner fünf Synonyme) als Hirt entnimmt der Zürcher Reformator dabei der alttestamentlichen Allegorie von den guten und falschen Hirten (Jer 23,1–6 und vor allem Ez 34). Auch die Grobgliederung
seiner Predigt resp. Schrift lässt er sich von ihr vorgeben: Im ersten Teil
entwirft sie das Bild des guten Hirten, der sich für seine Schafe engagiert,
im etwas kürzeren zweiten Teil kontrastiert sie dem guten Hirten den falschen Hirten und demonstriert, wie letzterer dank der «prob Christi»
(Z III, 51,12; vgl. 45,12f) in Mt 7,15–20 identifiziert und anschliessend ge-
mieden bzw. abgesetzt werden kann. So klar sich also «Der Hirt» in seiner
Makrostruktur präsentiert, so wirr und unübersichtlich gibt er sich in seiner Mikrostruktur, die wohl kaum als Zeugnis «für Zwinglis überlegenen
und großartigen Geist»[2] angeführt werden kann: Stilbrüche, Personen- und
Subjektswechsel, nicht durchgeführte Gliederungen und eine vor allem zu
Beginn fast penetrant im Befehlston gehaltene Sprache – auf den Seiten
Z III, 13–37 begegnet allein das Verb «müssen» 35mal – verraten eher den
Charakter einer Gelegenheits- und Kampfschrift denn einer wohlgeform-

---

1 Zwinglis Werke werden im folgenden nach der kritischen Ausgabe, hg. v. E. Egli/G.
  Finsler/W. Köhler (CR 88ff) mit dem Kürzel Z (Bandangabe mit römischen, Seiten-
  und Zeilenzahl mit arabischen Zahlen) zitiert. Das Sigel S verweist auf die Ausgabe
  von Melchior Schuler u. Johannes Schulthess, 8 Bde, Zürich 1828–1861.
2 F. Büsser, Schrift und Dienst bei Zwingli, in: Ders., Wurzeln der Reformation in
  Zürich. Zum 500. Geburtstag des Reformators Huldrych Zwingli (SMRT 31), Leiden 1985, 94–105, 97.

ten Komposition. Damit ist bereits von vornherein deutlich, dass Zwinglis Predigt resp. Schrift ganz aus und in ihrer Entstehungsituation zu interpretieren und zu verstehen ist und sich nur sehr bedingt als systematisch-theologische Grundlagenreflexion für die heutige Diskussion rund ums reformierte Amtsverständnis eignet. Im folgenden sollen daher im Sinne einer historisch(-kritischen) Exegese seiner Schrift lediglich einige von Zwinglis Leitgedanken über den Hirten und sein Amt aus dem ersten Teil seiner Schrift in Erinnerung gerufen werden. Ob sich daraus Impulse für ein aktuelles reformiertes Amtsverständnis gewinnen lassen, werden die Diskussionen um die neue Kirchenordnung der Zürcher Kirche erweisen.

These 1: Der Grund der Tätigkeit von Pfarrern und Propheten liegt allein in Gottes gütiger Vorsehung. Sie ist in ihnen allwirksam tätig (Mt 10,20; Lk 10,15; Joh 13,20) und ermöglicht ihnen ein unerschrockenes und mutiges Auftreten.

Zwingli beginnt seine Ausführungen über den guten Hirten mit der (exegetischen) Beobachtung, dass die Allegorie vom Hirten im Alten Testament an zahlreichen Stellen (Gen 48,15; 49,24; Ps 23,1; 80,2; Ez 34,11f u.ö.) zunächst einmal für Gott und sein «fürsehen und husshalten über uns arme menschen» (Z III, 12,25) steht. Zwinglis Ausführungen über das Hirtenamt stehen damit von vornherein im Horizont der *göttlichen Vorsehung*, die im Denken Zwinglis eine, wenn nicht sogar die *zentrale* Rolle spielt[3]. Charakteristisch für das Hirtenamt Gottes ist, dass sich die Existenz von Hirten oder Pfarrern ausschliesslich der gütigen und barmherzigen Vorsehung Gottes verdankt, die sich sogar bis zu den heidnischen Völkern erstreckt:

> «In disem sähend wir nun die vätterliche trüw unnd sorg gottes, die er zu menschlichem gschlecht treyt, das er vonn anfang der welt ye unnd ye warner unnd vermaner geschickt hat [Hb 1,1], die das volck vonn lastren zugind unnd zu frommkeyt, trüw unnd waarheyt reytzind. Ja ouch by den heyden habend sy sölich menner gehept …» (Z VI/2, 300,21–26).

Durch diese Propheten und Pfarrer will die göttliche Vorsehung Menschen und Staaten vor dem Verderben bewahren und sie dem göttlichen Licht zuwenden. Überall dort, wo Propheten oder Pfarrer auftreten, wird Gottes Güte und Barmherzigkeit sicht- und greifbar.

Wird Gottes Vorsehung Allmacht und Allwirksamkeit attestiert, dann kann der Hirte kein eigennütziger Herrscher sein, der souverän über die (göttliche) Wahrheit verfügt. Er ist vielmehr *Werkzeug* oder *Diener* der gött-

---

3 Vgl. dazu J. Bauke-Ruegg, Die Allmacht Gottes bei Huldrych Zwingli, in: KuD 46, 2000, 60–82, 72–76.

lichen Vorsehung. Wo rein menschliche Perspektive in der Predigttätigkeit des Pfarrers nur die Leistung eines normalen Menschen zu erblicken vermag, erkennt daher theologische Optik das göttliche Wirken in ihr:

> «Gott wirkt alles in allem [1. Kor 12,6]; nichts ist der, der bewässert, nichts der, der pflanzt, sondern alles [ist] der, der das Wachstum gibt, Gott [1. Kor 3,7]. Dieser Gott wirkt alles, bewegt den Mund und den Griffel [Schreibstift] des Predigers, zieht und erleuchtet das Herz des Hörers» (S VI/2, 69).

Gottes Allwirksamkeit degradiert den Pfarrer somit nicht zum stummen Ölgötzen, entlastet ihn aber von zu hohen und falschen Leistungsansprüchen und verwehrt ihm vor allem Machtanmassungen.

Weil Gottes Vorsehung nicht nur allwirksam ist, sondern vor allem gütig, realisiert sie sich in allen Situationen und Bereichen als *Fürsorge*. «Darzu sye er ein spyser und bekleyder der vöglen unnd blumen [Mt 6,26.30]. Wie könde er denn sinen arbeyteren mangel lassen?» (Z III, 37,15f). Als Diener Gottes wird der Hirt selbst wie ein Schaf von Gottes Vorsehung behütet. Sie befreit ihn von engstirnigem irdischem Sicherheitsdenken und ermöglicht ihm freie, ehrliche und mutige Arbeit. Umgekehrt ist Gott in und mit seiner Vorsehung der Seelsorger der Seelsorger und Hirt der Hirten.

These 2: Was ein guter Hirte ist, kommt einzig und allein an Jesus Christus heraus. Wie Jesus Christus der gute Hirte ist und wie sich folglich gute Pfarrer zu verhalten haben, kann einzig und allein dem Wort Gottes, wie es in der heiligen Schrift Alten und Neuen Testament aufbewahrt ist, entnommen werden.

Ihren deutlichsten Ausdruck findet Gottes Vorsehung für Zwingli im «Säligmacher Jesus Christus», der «die ware weid und spiss, darzu der fürman oder hirt ist, der uns uss dem finsteren stal der unwüssenheit und banden der menschlichen leren in das liecht der götlichen wyssheit und fryheit ingefurt hat» (Z III, 13,1–5). Von Christi Selbstbezeichung als guter Hirte (Joh 10,11) her legt sich für Zwingli eine einfache, den weiteren Gang seiner Darlegungen aber massgeblich bestimmende *hermeneutische Grundregel* nahe: Was ein guter Hirte ist und wie er seine Aufgabe zu versehen hat, kann «ab gheinem andren Vorbild» (Z III, 13,17f) als am «absoluten Vorbild Christus» (Z II, 543,23) abgelesen und erlernt werden. Alle Überlegungen über Wesen und Funktion des Hirten haben sich somit in der «Form Christi» (Z III, 20,26–28) oder an die «Richtschnur Christi» zu halten, wie Zwingli gerne formuliert. Auf das Vorbild Christi zu achten ist, dabei aber für den Zürcher Reformator niemals bloss ein rein theoretisch-intellektueller Akt, sondern stets der *existentielle Nachvollzug* von Leben und Lehre Christi, also Christusnachfolge und -nachahmung (imitatio Christi), oder prägnant formuliert: «Nit schwetzen von *Christo*, sonder wandlen, wie er gewandlet hat» (Z III, 407,18f).

Mit diesem Christusprinzip verbindet sich für Zwingli unmittelbar das *Schriftprinzip.* Denn dass Jesus Christus der gute Hirte ist und wie er es ist (und wie es folglich der gute Hirte nachzuahmen hat), kann nirgends klarer und deutlicher abgelesen werden,

> «dann ab dem einigen waren gotteswort, das sich inn dem herren *Jesu Christo*, warem sun gottes, sichtbarlich und aller eigenlichst ussgetruckt hat yetzt zu den letsten zyten, und vor dem im alten testament (doch ringer) in vilen vätteren und propheten» [vgl. Hb 1,1f] (Z III, 13,8–12).

Soll ein Profil des Hirten oder Pfarrers und seiner Tätigkeit gewonnen werden, kann daher allein das Wort Gottes bzw. die Heilige Schrift befragt werden (Z III, 13,13–17). Nicht päpstliche Dekrete oder Schriften theologischer Lehrer bestimmen (verpflichtend), was ein Hirt oder Pfarrer zu tun oder zu lassen hat, sondern einzig das Wort Gottes (vgl. Z III, 30,21–26).

These 3: Grundvoraussetzung für den Dienst des Pfarrers ist der Glaube an und das Vertrauen auf Gott. Dieser Glaube äussert sich in einer fröhlichen und furchtlosen Lebenshaltung.

Zwingli will die Christusnachfolge des Hirten radikal verstanden wissen. Beispiel um Beispiel führt der Zürcher Reformator aus dem Leben Christi an, um daraus Regel um Regel für das Anforderungsprofil eines guten Hirten zu gewinnen. In fast schon mechanisch anmutender Weise hämmert er so seinen Zuhörern immer wieder ein: Wie Christus getan hat – «also muss (ouch) der Hirt» tun. Da er dabei insbesondere zu Beginn seiner Schrift seine Sätze gehäuft mit den Verben «müssen», «sollen» und «notwendig sein» konstruiert, hören sich seine Ausführungen über den guten Hirten streckenweise fast wie ein «Dienstbüchlein für Pfarrer» an.

Für viele heutige Ohren mögen diese Assoziationen vermutlich dissonant klingen oder übertrieben wirken. Sie werden nachvollziehbarer, wenn die Situation berücksichtigt wird, in die hinein «Der Hirt» verfasst wurde: der Kampf um die Durchsetzung der Reformation und die Zulassung der freien Evangeliumsverkündigung in der gesamten Schweiz. Eingebettet ist dieser (zu Zwinglis Zeiten) aktuelle Kampf der guten Hirten gegen die Feinde des Gotteswortes in den grundlegenden Streit zwischen Geist und Fleisch, wie Zwingli in johanneisch-paulinischer Terminologie sagt, in den Kampf zwischen der Kreaturverehrung und der Verehrung Gottes (Z III, 7,2–5; vgl. 35,5–7; 36,27f). Der Widerstand der rein irdischen Perspektive, des Fleisches, gegen das göttliche Wort, zieht den Pfarrer, ob er will oder nicht, in eine ständige Auseinandersetzung hinein (13,30–14,5.

Im lebenslänglichen Kampf des Hirten ist Christus der Hauptmann, dem es treu zu folgen und zu gehorchen gilt: «Lasse man die kinder dieser welt prächten [prahlen], böldern und tröwen [drohen], dann sy können und mögend nit anderst, und sehe ein yeder uff sinen houptman Christum Jesum, Hebr. 12 [,2], der wirt uns nit verfuren» (Z V, 307,23ff).

Als treuer Hauptmann sorgt Christus für seine Streiter und rüstet sie mit Waffen aus. In einem kühnen Bild kann Zwingli daher die sogenannte Aussendungsrede Jesu (Mt 10; Mk 6,7–13; Lk 9,1–6; 10,1–12) als «waffenkammer *Christi*» (Z III, 36,29) bezeichnen. So wagemutig und anstössig das Bild Zwinglis beim ersten Lesen wirken mag, so elegant nimmt ihm der Zürcher Reformator seinen militaristischen Anstrich: Denn die Waffen der Hirten (und Jünger Jesu) bestehen unter gänzlichem Verzicht auf Aufrüstung (Z III, 37,22) und Gewalt (Z III, 37,21f, vgl. 38,11–16) ausschliesslich darin, «das sy sich luter uff das versehen ires herren verlassind» (Z III, 37,22f). Hirten sind – so paradox es klingen mag – pazifistische Streiter, die in der Auseinandersetzung um die Verwirklichung der Herrschaft Gottes allein mit dem Vertrauen auf Gottes (bzw. Christi) Fürsorge kämpfen.

Auch wenn nach rein weltlichen Gesichtspunkten solche «waffen» eher den Eindruck erwecken, «das sy me ein verhindrung weder ein bewarung wärind» (Z III, 39,4f), für Zwingli sind sie die Bedingung und Voraussetzung der Hirtentätigkeit. Allein im Glauben kann der Hirt seine Arbeit treu und standhaft ausführen, denn allein im Glauben ist der lebenslange wechselseitige Prozess von Selbstverleugnung und Gottesvertrauen möglich, der Gott die Initiative überlässt (Z III, 16,3–7; vgl. 17,15–20) und so der Durchsetzung der Herrschaft Gottes mehr dient als alle hektische Betriebsamkeit.

Der von Zwingli anvisierte Glaube lässt den Hirten in seinem Kampf gegen die Welt darauf vertrauen, dass der Hauptmann und «Fürstryter» Jesus Christus «der überwinder der welt [Joh 16,33] sye» (Z III, 39,18f). Hat der Hirt solchen Glauben, dann ist er angetan mit dem «starken harnescht» (Z III, 39,9) der Furchtlosigkeit – «nit förchten ist der harnesch» (Z III, 39,16) – und Fröhlichkeit (Z III, 39,30), den unabdingbaren Grundeigenschaften (Grundausrüstung) eines guten Hirten.

«Gheiner ze werden komlich [passend, geeignet] ist, er sye dann in im selbs nit daheimen, sonder gott wone in im und rede uss im. … Also muss der hirt sine schaaf in ghein andre weid furen, weder in dero er vorhin geweydet ist, das ist: in erkantnus unnd vertruwen gottes; so muss er ie vorhin ouch got erkennen und all sin trost zu im haben» (Z III, 18,4f.9–12).

These 4: Die wichtigste Aufgabe des Hirten ist die ehrliche, allein aus dem göttlichen Wort gewonnene Verkündigung des Evangeliums, der guten Botschaft von Gottes Gnade, Güte und Barmherzigkeit. Diese auf Sündenerkenntnis, Gottesvertrauen und Nachfolge der Predigthörer und -hörerinnen zielende Verkündigung erfordert vom Hirten eine umfassende Schriftkenntnis und einen die Verkündigung beglaubigenden christlichen Lebenswandel.

Gute Hirten, so hatte Zwingli ausgeführt, sind vor Beginn ihrer Predigt- und Seelsorgetätigkeit von Christus durch das göttliche Wort «geweydet ... in erkantnus und vertruwen gottes» (Z III, 18,10f). Aus eigener Erfahrung kennen sie die heilsame und nährende Kraft des göttlichen Wortes und wissen darum, «das die kilch gottes oder die schaaf gottes oder das volck gottes, wie du es nennen wilt, gheiner anderen weyd weder mit dem wort gottes gespisst werden mag» (Z III, 48,29–31).

Diese Erkenntnis der soteriologischen Notwendigkeit des göttlichen Wortes trieb Zwingli zeit seines Lebens dazu an, seinen Berufskollegen einzuschärfen, dass ihr «einig ampt ist predgen das euangelium, das ist: den rüwen unnd vergeben der Sünden im Namen *Jesu Christi Luc.* 24 [,47], als inen *Christus* selbs gebüt *Math.* 28 [,20]» (Z III, 4172,20–23).

Auch Aufbau und Anlage der reformatorischen Predigt entwickelt Zwingli daher in exklusiver Ausrichtung auf das alleinige Vorbild Jesus Christus. Wie dieser hat der Hirt seinen Schafen zuerst ihre Sünden, d. h. in erster Linie ihren Eigennutz und Egoismus vor Augen zu halten. Erst wenn sie erkennen, dass sie die Krankheit (prästen) der Sünde und ihrer sturen und ausschliesslichen Fixiertheit auf das eigene Wohl und Interesse nicht aus eigenen Kräften zu überwinden vermögen (Z III, 22,2f), kann ihnen der Hirte das gesundmachende Wort Gottes mit seiner Botschaft, «gott habe uns zu gwüsser versichrung siner gnaden sinen eingebornen sun ggeben, *Jesum Christum*, unseren herren, durch welchen wir in die ewigheit ein gwüssen zugang zu gott hand [Röm 5,2]» (Z III, 22,4–7) als Arznei vorlegen. Sind seine Schafe dank der göttlichen Medizin geheilt, so hat der Hirt zu verhindern, «das die geartzneten schäflin nit widrumb inn kranckheit fallind» (Z III, 22,11f), sondern als Nachfolger Christi «fürhin ein unschuldig läben furen» (Z III, 19,8). Zusammengefasst: Reformierte Predigt konzentriert sich auf die Themen Sündenerkenntnis, Vertrauen in Gottes Gnade und (dankbare) Nachfolge.

Aus diesem Grundmuster reformatorischer Predigt lassen sich drei Anforderungen an den Hirten oder Pfarrer ableiten:

1. Da alle Predigt allein mit dem Wort Gottes vollbracht werden soll (Z III, 22,12f), muss der Hirt in der Schrift bewandert sein. Ohne Schriftkenntnis des Predigers sitzen Predigt und Hörer wie Fische auf dem Trokkenen.

2. Der Hirt soll das göttliche Wort nicht nur predigen, sondern auch nach ihm leben. Ohne einen christlichen Lebenswandel des Predigers werden seine Worte zu frommer Phrasendrescherei. Lebt der Hirt seine Worte, «so lert das läbendig wort me denn hunderttusend wort» (Z III, 21,18f; vgl. 20,24–26).

3. Getreue Evangeliumspredigt erfordert Mut, für die Wahrheit des göttlichen Wortes einzustehen, falls es sein muss, sogar bis zum Märtyrertod. Ohne Mut stellt der Hirt «nit me dann ein lutenschlaher oder sackpfyffer dar; den horte yederman gern und thätte nieman wee» (Z VI/2, 300,8f). Ohne Mut der Prediger verkommt der Prediger zum Possenreisser und die Predigt zur Produktion leerer Worthülsen.

These 5: Die zweite Aufgabe des Hirten besteht in der mutigen und allein an Christus und der Schrift orientierten Seelsorge, die sich aus der Kritik gesellschaftlicher Missstände und skrupelloser Mächtiger sowie der ökonomisch und politisch umfassend verstandenen Unterstützung Unterdrückter und Schwacher zusammensetzt.

Nur wo die Hirten mutig und standhaft sind, sind sie fähig, das Evangelium ehrlich zu verkündigen. Mut und Standhaftigkeit sind auch für die zweite wichtige Aufgabe des Hirten, für sein Wächteramt, d. i. die Seelsorge im umfassenden Sinn grundlegende Voraussetzung. Der Zürcher Reformator gewinnt seine für Heutige eher fremde Bezeichnung «Wächteramt» einerseits aus Ez 3,17f; 33,6f (Ezechiel wird zum Wächter über Israel bestellt), andererseits aus der deutschen Übersetzung des griechischen Wortes episkopos (Bischof, wörtlich: Aufseher, Wächter), bewegt sich also mit seinem Ausdruck ganz im biblischen Sprachgebrauch. Bischof ist somit *kein* besonderer kirchlicher Würdenträger, sondern ganz schlicht Titel jedes normalen Ortspfarrers.

Was er unter dem Wächteramt präzis versteht, umreisst Zwingli in unmittelbarer Fortsetzung des zuletzt Zitierten folgendermassen:

«Gott hatt sine propheten und apostlen saltz genennt [Mt 5,13], dass sy räss sygind, die laster hinzebyssen unnd vor den künftigen zu vergoumen. Er hatt sy ein liecht genennt [Mt 5,14], dass sy denen, die im huss gottes wonend, zündind unnd lüchtind. Er hatt sy gesetzet über die völcker unnd künigrych, das sy abbrechind, zerrissind unnd ußrütind, was wider gott sich ufrichtet: wider ufbuwind, pflantzind unnd uffnind [Jer 1,10], was gott haben wil: Frommkeyt, unschuldt, trüw, liebe, das billich unnd recht under den menschen. Wo dises saltz nit ist, da fulet es täglich; wo dieses liecht nitt lüchtet, da rysst der wolff unnd zerstrouwet die herd gottes [Act 20,29]» (Z VI/2, 300,9–20).

Zwei Aspekte stechen bei Zwinglis Umschreibung des Wächteramts des Hirten, bei genauerem Hinsehen nicht viel mehr als eine Paraphrase von Jer 1,10, vor allem ins Auge. Der (a) eher negativ oder destruktiv wirkende

«Contra-Aspekt» des Wächteramts besteht im unermüdlichen Kampf gegen Heuchelei (Z III, 23,12–28), Gottlosigkeit (Z III, 32,14f), vielfältige Laster (Z III, 23,3–5) und Gewalt. Geradezu radikal prägt Zwingli seinen Berufs-kollegen ein, dass

> «ieder hirt, so feer er ein hirt under den schaafen *Christi* ist, wider alle, die inn umb gottes unnd umb sines waren wortes und umb die trüw, die er für sine schaff hat, durächtend, harfürston sol, unangesehen, ob er wider den grossen *Alexander, Julium,* bapst, künig, fürsten oder gwalt reden musse; ouch nit allein, so sy dem wort gottes widerbefftzend [widersprechen wörtlich: dagegen bellen], sonder ouch, so sy ir fromm volck mit zytlicher beschwerd ze vil unnd über billichs überladend» (Z III, 26,26–21,1).

In einer eindrücklichen, streng auf Anwendbarkeit hin orientierten Ausle-gung alttestamentlicher Texte führt Zwingli im «Hirt» kompromisslos vor, worin und wie sich die Kritik und der Widerstand der Hirten konkret äus-sern. Wie Mose soll er sich gegen Unterdrückung und Tyrannei einsetzen (Z III, 27,3–16), wie Samuel die Verdrängung des göttlichen Wortes durch die äffischen Gesetze menschlicher Klugheit attackieren (Z III, 29,23–30,21), wie Nathan und Elia gegen Mord und Totschlag der Herrschenden auftreten (Z III, 31,3–20 und Z III, 33,22–34,5). Schonungslos und ohne Rücksicht auf die eigene Stellung hat der Hirt mit dem göttlichen Wort und seinen sozialen und politischen Dimensionen gesellschaftliche, kirch-liche und theologische Missstände aufzudecken (Z VI/2, 814,9–11) und anzuprangern, sogar wenn er dabei in Tabubereiche vorstösst (Z III, 35,30–36,1): «Es muss gewachet und geweret sind; dann gott schickt all weg sine prophetenn zytlich gnug, die sündtlichen welt ze warnen» (Z III, 36,17–19).

Die Kritik des Hirten geschieht nun aber (b) für Zwingli nicht um ihrer selbst willen, sondern ist immer schon unauflöslich in den *«Pro-Aspekt» des Wächteramts* hineinverwoben. Wie das Vorbild des guten Hirten Jesus Christus zeigt, ist die Kritik und der Widerstand des Hirten gesteuert von seiner Verpflichtung, sich für das Wohl der gesamten Herde wie auch ein-zelner (Z III, 34,3–5) einzusetzen: «Also merckend wir wol, das der hirt schuldig ist wider alle fygend harfür z tretten zu schirm der schaafen» (Z III, 25,31–26,1; vgl. auch Z III, 27,13–16). Zwingli versteht diesen Ein-satz in einem dreifachen Sinn:

1. *Ökonomisch*: Der Einsatz des Hirten für seine Schafe ist nie nur auf das innere, psychische Wohlbefinden aus. Er äussert sich ganz konkret als soziales Engagement für leibliche und materielle Bedürfnisse der einzelnen Gemeindeglieder, z. B. als *Armenfürsorge*: «Welche der armen nit achtend, sy vertrucken lassend und beschwären, sind valsch hirten» (Z III, 59,25f). Der wahre Hirte ist *Seelsorger und Sozialarbeiter* in einem[4].

---

4 Vgl. H. Scholl, Seelsorge und Politik bei Ulrich Zwingli, in: RKZ 130, 1989, 218–224, 219.

2. *Politisch*: Die umfassend verstandene, d. h. auch ökonomische Gesichtspunkte berücksichtigende Seelsorge erschöpft sich nicht im stets nur nachträglich die schlimmsten Schäden verhindernden Löschen von «Zimmerbränden», sondern bekämpft den «Flächenbrand» gesellschaftlicher Ungerechtigkeiten mittels treffender und mutiger *Herrschaftskritik*. Der wahre Hirte ist *Seelsorger und Politiker* in einem. Entzieht sich der Hirte dieser Aufgabe und schweigt in der Öffentlichkeit, erweist er sich als falscher Hirte und wird dereinst zur Rechenschaft gezogen werden (Z III, 25,23–26; 28,5–9; 32,19f). Der Hirte trägt die volle Verantwortung für das leibliche und seelisch-geistige Wohl seiner ihm anvertrauten Schafe.

3. *Existentiell*: Wer sich umfassend ökonomisch und politisch für seine Schafe einsetzt, muss mit Widerstand rechnen, im schlimmsten Fall mit Verfolgung und Hinrichtung: «Wilt du zu den guten hirten gezelt werden, so must du din läben für dine schaaf setzen» (Z III, 25,17f). Im Vertrauen auf Gottes Vorsehung und Liebe ist der wahre Hirte Seelsorger und Märtyrer in einem.

Aus Zwinglis Entfaltung des gesellschaftskritischen wie des sozialpolitschen Aspektes des Wächteramtes lassen sich drei für Zwinglis Amtsverständnis wichtige theologische Grundoptionen gewinnen:

1. Für Zwingli ist das Wort nie nur einfach gesprochenes Wort. Als Wort des allwirksamen Gottes muss es immer auch soziale und politische Tat sein. Das göttliche Wort reduziert sich nicht auf Phänomene der Innerlichkeit, sondern nimmt konkrete leiblich-materielle Gestalt an. Zwinglis Wortverständnis rückt so Verkündigung und Seelsorge (im umfassend verstandenen Sinn) in unmittelbare Nähe zueinander: Verkündigung ist immer auch Seelsorge, Seelsorge immer auch Verkündigung.

2. Analog zum göttlichen Wort kommt auch Christi Herrschaft eine gesellschaftlich-politische Dimension zu. In seinen berühmten Brief an den Konstanzer Reformator Ambrosius Blarer vom 4.5.1528 schreibt Zwingli daher: «Christus will also auch für die äußerlichen Dinge der Maßstab sein und befiehlt solchermaßen. Sein Reich tritt durchaus auch äußerlich in Erscheinung.»[5] Im Anschluss an dieses Verständnis der Herrschaft Christi vertritt der Zürcher Reformator – in scharfem Kontrast zur Zwei-Reiche-Lehre Martin Luthers – die Einheit von Bürger- und Christengemeinde, die es erlaubt, jeden Bürger und jede Bürgerin als Christen bzw. Christin anzusprechen und zu christlichem Lebenswandel anzuhalten. Die Verflochtenheit von Christen- und Bürgergemeinde ist die Bedingung, das Wächteramt wahrzunehmen.

---

5 Z IV, 454,16f (dt. Übersetzung von H. R. Lavater, Regnum Christi etiam externum – Huldrych Zwinglis Brief vom 4. Mai 1528 an Ambrosius Blarer in Konstanz, in: Zwingliana 15, 1981, 338–381, 359).

3. Auf dem Hintergrund der engen Verflochtenheit von Christen- und Bürgergemeinde kann Zwingli sogar noch einen Schritt weitergehen und dem Predigt– und Wächteramt sogar eine staatsfördernde und -erhaltende Funktion zuschreiben:

> «Kein Volk kann ohne Propheten bestehen: denn [ohne Propheten, J. B.] löst sich alles auf, bricht alles auseinander und gerät ins Wanken. Das kann heute an jenen Orten beobachtet werden, an denen das Evangelium nicht verkündigt wird. Denn auch wenn dort viele Gläubige sind, denen das Verbrechen sehr missfällt, es wagt doch keiner, dem Verbrechen zu widersprechen und zu widerstehen. Wo aber treue Propheten sind, nützen sie, ziehen die Verbrechen ans Tageslicht und tadeln sie, rufen, weichen nicht, erheben ihre Stimme wie eine Trompete und zeigen dem Volk die Verbrechen auf, schätzen sie zugleich ab und verdammen sie, so dass die Windbeutel schliesslich beschämt und erkannt werden, und durch Furcht die gewarnt werden, die der Gerechtigkeit nicht durch Liebe Genüge tun wollen. ... So notwendig ist die Prophetie, dass, wenn keine Regierung bestünde, ein wahrer Prophet eine Regierung auf- und einrichten könnte. Wo aber kein Prophet ist, da vermag die Regierung nichts, und auch ein frommes Volk wird [dort] niemals sein.»[6]

These 6: Unter Rückgriff auf biblische Traditionen vor allem des Alten Testaments kann die Predigt- und Seelsorgetätigkeit des Pfarrers als die eines Propheten bezeichnet werden. In dieser Bezeichnung tritt einer der charakteristischsten Züge von Zwinglis Pfarrerverständnis zu Tage.

Zwinglis ausführliche Entfaltung des gesellschaftskritischen wie des sozial-positiven Aspektes des Wächteramts gehört zu den originellsten Partien seiner Schrift «Der Hirt». Gleichzeitig zeigen sie sehr schön das Typische und Charakteristische und vielleicht auch Unwiederholbare an Zwinglis Auffassung des Pfarrers: sein Verständnis des Pfarrers als eines *Propheten*[7]. Dieses Verständnis verdankt sich neben der exegetischen Einsicht, dass den alt- und neutestamentlichen Propheten die (evangelischen) Pfarrer seiner Zeit korrespondieren, vor allem Zwinglis Einschätzung der eigenen Gegenwart als einer Heilszeit (Z III, 27,28–28,3), in der Gott nach einer langen finsteren Zeit der Unterdrückung des befreienden und gesundmachenden Wortes Gottes durch menschlichen Geiz und Eigennutz nun das Licht seines Wortes wieder hell hervorleuchten lässt (Z III, 60,5–9; vgl. 13,3–5). Damit dieses göttliche Licht aber bis zu den Menschen vordringt, bedarf es gewisser Lichtträger – Zwingli formuliert kühn: Prometheuse (Z XIV, 418,10f) –, und genau das sind und waren zu allen Zeiten die Propheten, die zum einen der Gemeinde den göttlichen Willen zu verkündigen haben, zum anderen die Gemeinde vor Schaden bewahren sollen.

---

6 S VI/1, 550 (Auslegung zu Lk 1,76).

7 Vgl. dazu den Aufsatz von F. Büsser, Der Prophet – Gedanken zu Zwinglis Theologie, in: Zwingliana 13, 1969, 7–18.

These 7: Oberster Massstab allen prophetischen Engagements des Pfarrers ist und bleibt die (göttliche) Liebe, die stets auf das Wohl der Menschen und darin auf die Ehre Gottes aus ist (soli Deo gloria).

Zwinglis Darlegungen über das Wächteramt verleihen seinem Pfarrerbild einen rauhen, markigen, fast asketischen und vor allem kämpferischen Anstrich. Ja es könnte sogar der Vorwurf erhoben werden, Zwinglis «Hirt» leite einzig und allein zu politischer und sozialrevolutionärer Agitation an, von Theologie sei beim Zürcher Reformator nicht mehr viel zu spüren. Nun ist sicher unzweifelhaft, dass Zwingli selbst wie das von ihm entworfene Pfarrerbild politische Züge aufweist[8]. Prophetische Tätigkeit – daran wird keine Exegese vorbeikommen – kann gar nicht anders, als sich auch politisch einzusetzen. Ebenso unzweifelhaft aber dürfte m. E. sein, dass Zwingli selbst wie der von ihm skizzierte gute Hirte durchpulst ist von der Liebe und dem Engagement für die Gemeinde, was gerade in der dreifach verstandenen Seelsorge, vor allem im Martyrium zugunsten der Gemeinde, deutlich zu Tage tritt: Zentrale Motivation der Tätigkeit des Hirten ist die (göttliche) Liebe, mit der der Hirt im Glaubensvollzug erfüllt wird:

«Darumb ist die Liebe notwendig, das alle ding nach iro gericht unnd gemessen werdind. Dann der zimmerman ist so grad mit dem ougenmess nitt, im ist ouch darzuo das richtschyt not. Also ist alle dapferheit, kunst unnd glouben nütz, sy werdind denn nach der liebe gericht 1. Corinthio. 13. [,4–8]. … Also der hirt gottes sol alle ding uß liebe thuon zuo merung und erbuwen der schaaffen gottes, yetz ruch, denn hert sin, nachdem die schaaff erfordrend und gott erliden mag. Kurtz: Wo die liebe ist, da trifft es all weg; da gat man nimmer müssig; ma wytret für und für die eer gottes, und mag man darby alle ding erlyden. Dann on die liebe fallt der mensch lichtlich in hochmuot. Ja, wo die liebe gottes nit, da ist es alles nüt denn ein hochmuot» (Z III, 41,3–26).

Auch diese Beschreibung des Hirten zeichnet noch einmal das Bild eines rauhbeinigen aber ehrlichen Pfarrers, der seinen Schafen, wenn es sein muss, auch einmal einen Lehmklumpen an die Flanke wirft. Hohen und rein ästhetischen Idealen wird er dabei in aller Regel kaum zu genügen vermögen, im Gegenteil, Zwinglis guter Hirt setzt sich sogar im grössten Schmutz (Z III, 26,1f; vgl. auch Z III, 19,4–6) und im schlimmsten Sturm für seine Schafe (und darin dann auch für Christus) ein: «Was nutzes mögend ir im [Christus, J. B.] bringen, so ir imm nun in der schöne arbeitend und das schiff fürend, und so das ungewitter kumpt, fliehend?» (Z III, 66,7–9). Ein Schönwettertheologe ist Zwinglis guter Hirte daher auf keinen Fall, eher schon ein von der göttlichen Liebe beflügelter Abenteurer, der sich fröhlich und zuversichtlich mit seinen Schafen auf den Weg zur Herrschaft Gottes macht.

---

8 Vgl. P. Winzeler, Zwingli als Theologe der Befreiung (Polis. Neue Folge 12), Basel 1986.

Aus Friedrich Schleiermachers Auffassung von Kirche

Relevantes für heutiges reformiertes Bewusst- und Kirchesein

Friederike Osthof

Vorbemerkung

Der «relevante» Sprung hin zu Schleiermacher und dem 19. Jahrhundert und von dort zurück zu heutigem christlich-kirchlichen Bewusstsein im 21. Jahrhundert bietet manchen Abgrund, um hineinzufallen. Ich nenne drei davon.

Verschieden stehen wir in verschiedenen Welten: Die Frömmigkeit des «Herrnhuter höherer Ordnung» (Schleiermacher hat sich selber so genannt), die Choreographie der frühen Romantik, die Dialektik des Idealismus – das alles sind Voraussetzungen des Schleiermacherschen Denkens wie auch seiner Sprache, die wir heute nicht mehr teilen.

Zweitens ist Schleiermachers Auffassung von Kirche komplex: bei Schleiermacher hängt alles mit allem zusammen. Jedes Detail bekommt seine wahre Bedeutung erst in einem Gefüge von Über-, Unter- und Anordnung in Gegensätzen; alles ist aufeinander bezogen und zueinander dynamisiert. Die Erhebung von Relevantem hiesse streng genommen, alles zu sagen.

Und schliesslich, woran bemisst sich die Relevanz für heute? Die Gefahr, Schleier machend, das für relevant zu erklären, was man auch ohne Schleiermacher als relevant erkannt hat, ist gross.

Dieser Abgründe eingedenk, habe ich aus dem Relevanten der Schleiermacherschen Ekklesiologie das herausgenommen, was mir für die heutige Diskussion um die Gestaltung der Kirche anregend erscheint: Welchen Stellenwert hat die Frömmigkeit? Wie kommt Gemeinschaft zustande und wie funktioniert sie? Wie und wo gestaltet sich das Verhältnis der Kirche zur Welt? Was bedeutet der öffentliche Dienst am göttlichen Wort?

Zum Aufbau: Fünf kurze Thesen werden je mit Schleiermacherschen Gedanken und in seiner Sprache paraphrasiert. Diese stammen aus: Friedrich Schleiermacher, Der christliche Glaube nach den Grundsätzen der Evangelischen Kirche im Zusammenhange dargestellt (1821, 2. Aufl. 1830), hg. v. Martin Redeker, Berlin [7]1960, 2 Bände, und werden in Klammern vermerkt. Daran schliesst sich je ein kurzer Kommentar an, der Hinweise zum Weiterdenken gibt und in sich selber, d.h. ohne vorherige Lektüre des Schleiermacherschen Teils, verständlich ist.

These 1: In der Kirche geht es um die Frömmigkeit. (Bd. 1, §§ 3.4)

Die Frömmigkeit ist ein Gefühl, dessen wichtigste Qualität es ist – unvermischt und ungetrennt –, etwas Eigenes und zugleich auf Anderes bezogen zu sein. Die Frömmigkeit ist nie isoliert und wirkt nie isolierend. Sie ist weder Denken noch Wollen, begleitet aber beides, mal dominant, mal im Hintergrund (16f). Sie ist nicht Wissen und Tun, vermittelt aber als Gefühl den Übergang «zwischen Momenten, worin das Wissen und solchen, worin das Tun vorherrscht»; oder evoziert Momente von Wissen und Tun, ohne das eine oder andere zu sein (19). Sie ist damit weder das Wissen der Glaubenslehre, noch das fromme Tun, wiewohl beides aus dem frommen Gefühl hervorkommen kann (21f).

Im Unterschied zu allen anderen Gefühlen ist das Wesen der Frömmigkeit, «dass wir uns unsrer selbst als schlechthin abhängig, oder, was dasselbe sagen will, als in Beziehung mit Gott bewusst sind» (23). Die Gefühle, die das Subjekt im Gegenüber zur Welt entwickelt, sind solche der Freiheit und der Abhängigkeit, die sich in der Regel das Gleichgewicht halten und darum nie absolut sind. Das Bewusstsein von der Unmöglichkeit eines absoluten Freiheitsgefühls ist das Bewusstsein schlechthinniger Abhängigkeit, denn es ist das Bewusstsein, dass alle Selbsttätigkeit «von anderwärts her ist». «Ohne alles Freiheitsgefühl aber wäre ein schlechthinniges Abhängigkeitsgefühl nicht möglich» (28). Das im Selbstbewusstsein mitgesetzte «Woher» bezeichnet Schleiermacher «durch den Ausdruck Gott», «die wahrhaft ursprüngliche Bedeutung desselben» (28f). Die Welt oder Teile aus ihr kommen für dieses Woher, der partiellen Freiheitsgefühle wegen, nicht in Frage. In diesem Abhängigkeitsgefühl, der «Grundform aller Frömmigkeit», ist Gott im und als Gefühl auf ursprüngliche Weise gegeben; es ist die Grundbeziehung, «welche alle anderen in sich schliessen muss» (30). Das schlechthinnige Abhängigkeitsgefühl wird nur ein klares Selbstbewusstsein, indem zugleich die Vorstellung Gott wird (30). Darum ist das «Sich-schlechthin-abhängig-Fühlen» und «Sich-seiner-selbst-als-in-Beziehung-mit-Gott-bewusst-Sein» dasselbe (30). «In welchem Mass nun während des zeitlichen Verlaufs einer Persönlichkeit dieses wirklich vorkommt, in eben dem schreiben wir dem Einzelnen Frömmigkeit zu» (30). Auch alle anderen Beziehungen werden aus diesem frommen Selbstbewusstsein entwickelt. Die Kirche ist nun nichts anderes «als eine Gemeinschaft in Beziehung auf die Frömmigkeit» (15). Ihr wesentliches Geschäft ist «das Erhalten, Ordnen und Fördern der Frömmigkeit» (16).

*Schleiermacher hat keine Vernetzungsprobleme, es ist schon alles vernetzt. Ein au-
tonomes oder ein einsames Subjekt kann das nicht nachvollziehen. Wem sich die
Frage der Bezogenheit auf andere und anderes grundsätzlich stellt, dem kann sie
sich auch grundsätzlich verneinen. Schleiermacher setzt vorher an: Wer sich auf
sich selber bezieht, fühlt sich schon grundsätzlich bezogen; alle teilweise Bezogenheit
auf andere und anderes ist darin enthalten und davon begrenzt. Erst dann fängt
die Freiheit an zu spielen. Fromm sind die, die sich in diesem Gefühl von Gott
gehalten fühlen.*

*Das Schöne und das Schwierige an den Gefühlen ist, dass wir uns in ihnen in
unserer Bezogenheit auf oder unserem Affiziertsein von anderen und anderem vor-
finden und ausdrücken. Wir sind schon bezogen, doch wir reden nicht gerne darüber: Die Intimität der Gefühle ist uns selber zu intim, wir sind uns peinlich.
Einmal ausgesprochen, klingen die Gefühle banal oder plakativ. Die Worte, sie
auszudrücken, werden uns dürr im Mund, . . .*

*Mit den frommen Gefühlen ist das genauso: selten erlauben wir uns den per-
sönlichen Umgang mit ihnen, noch seltener teilen wir sie mit. Lieber beschäftigen
wir uns sachlich mit Denken und Wollen, Wissen und Tun und wundern uns,
dass Vieles so zusammenhangslos erscheint und nur Wenige sich genährt fühlen.*

These 2: Das fromme Selbstbewusstsein
wird notwendig auch Gemeinschaft (Bd. 1, § 6)

Für Schleiermacher ist das eine Tatsache, die gefordert wird, «durch das
jedem Menschen innewohnende Gattungsbewusstsein, welches seine Be-
friedigung nur findet in dem Heraustreten aus den Schranken der eigenen
Persönlichkeit und in dem Aufnehmen der Tatsachen anderer Persönlich-
keiten in die eigene» (42).

So wie alles Innere, will auch das Gefühl «auf irgendeinem Punkt der
Stärke oder Reife ein Äusseres» werden. Für die Anderen ist das «eine Of-
fenbarung des Inneren» (42). Diese erregt «zunächst nur die Vorstellung
von dem Gemütszustande des Äussernden», geht dann aber über «in lebendige Nachbildung, und je mehr der Wahrnehmende … fähig ist, in
denselben Zustand überzugehn, um desto leichter wird dieser mittelst der
Nachbildung hervorgebracht» (43). Jeder muss zugeben, «dass er sich unter Zustimmung seines Gewissens in einer mannigfaltigen Gemeinschaft
des Gefühls als einem naturgemässen Zustande immer befindet» (43).
Auch das schlechthinnige Abhängigkeitsgefühl wird auf diese Weise mitgeteilt und geweckt.

Die so entstehende Gemeinschaft ist zunächst «eine ungleichmässige
und fliessende», weil «die einzelnen überhaupt einander ungleichmässig
ähnlich sind, sowohl was die Stärke ihrer frommen Erregungen betrifft als
auch in Beziehung auf die Region des sinnlichen Selbstbewusstseins, mit

welcher sich am leichtesten das Gottesbewusstsein eines jeden einigt» (43).
Je ähnlicher sich die Gefühle sind, desto inniger ist die Gemeinschaft; je
unähnlicher, desto schwächer.

> «Beide äussersten Punkte, den der innigsten Gemeinschaft und den der schwäch-
> sten, können wir uns beliebig weit auseinandergehend denken, so dass der, welcher
> die wenigsten und schwächsten frommen Erregungen erfährt, in der genauesten
> Gemeinschaft nur stehen kann mit denen, die ebenso wenig erregbar sind, die Äu-
> sserungen derer aber nicht imstande ist nachzubilden, welchen fromme Erregungen
> in einer solchen Art von Momenten entstehen, woher sie ihm selbst niemals kom-
> men. ... Den Abstand aber zwischen diesen Endpunkten denken wir nun auch
> durch beliebig viele Zwischenstufen für jeden ausgefüllt, und dieses eben ist das
> Fliessende der Gemeinschaft» (44).

Schleiermacher sieht aber «auch feststehende Verhältnisse in dieser flie-
ssenden und eben deshalb streng genommen unbegrenzten Gemeinschaft»
(44), wie sie sich in einzelnen Familien oder in durch gemeinsame Sprache
und Sitten untereinander verbundenen Familien bilden.

> «Jede solche relativ abgeschlossene fromme Gemeinschaft, welche einen innerhalb
> bestimmter Grenzen sich immer erneuernden Umlauf des frommen Selbstbewusst-
> seins und eine innerhalb derselben geordnete und gegliederte Fortpflanzung der
> frommen Erregungen bildet, so dass irgendwie zu bestimmter Anerkennung ge-
> bracht werden kann, welcher Einzelne dazugehört und welcher nicht, bezeichnen
> wir durch den Ausdruck Kirche» (44).

Gemeinschaft beruht auf Imitation; eine alte aber wenig praktizierte Einsicht.
Dazu braucht es Vorbilder, die das nur sind, weil sie sich selber in einer intensiven
imitatio christi geübt haben. Wer nimmt sich dafür Zeit? Dafür braucht es Imi-
tierende, die dazu lernen wollen. Wem wird dafür Zeit gelassen? Schleiermacher
hält eine diffizile Balance zwischen Fremd- und Eigenbestimmung. Es gibt nicht
einen starken Glauben, den alle erlangen müssen, um zu einer starken Gemein-
schaft zu finden. Die frommen Gefühle sind individuell bedingt. Die Ähnlichkeit
der frommen Gefühle, und seien sie noch so schwach, führen zur genauesten Ge-
meinschaft. Von jedem Einzelnen dehnt sich eine Gemeinschaft aus, die sich von
einer ganz engen bis zu einer ganz schwachen Zusammengehörigkeit erstreckt, die
aber in der Vielzahl der individuellen Perspektiven wie in ihrer überindividuellen
Realität unbegrenzt ist. Die Begrenztheit einer lokalen Kirche verdankt sich der
dort spielenden Familiaritäten, die sich auch auf die Art der Frömmigkeit aus-
wirken. Wer um die Unbegrenztheit weiss, wird die bestimmte Anerkennung der
jeweils prägenden Frömmigkeit nicht absolut setzen.

These 3: Die christliche Kirche ist Teil der Welt und steht im Gegensatz zu ihr
(Bd. 2, §§ 113.114.126)

Für Schleiermacher ist das Christentum eine geschichtliche Macht, die durch und mit Christus in die Welt gekommen ist und sich seitdem in der Welt – diese ergreifend und durchdringend – immer weiter entwickelt. In diesem durch Christus initiierten «Gesamtleben» (207) finden sich alle Christen vor und bilden so die Gemeinschaft der Gläubigen oder die christliche Kirche. Diese Gemeinschaft besteht «aus allen Momenten, welche dem Stand der Heiligung aller Begnadigten angehören» (209). Dementsprechend ist das christliche Selbstbewusstsein «die durch unsern Glauben an Christum bestimmte allgemeine Form unseres Mitgefühls mit menschlichen Dingen und Zuständen» (209). «Nur der mit der christlichen Kirche geeinte Teil der Welt» ist dem christlichen Selbstbewusstsein «der Ort der gewordenen Vollkommenheit oder des Guten»; «nicht vermöge der ursprünglichen Vollkommenheit der menschlichen Natur und der Natur der Dinge, sondern wiewohl allerdings hiedurch bedingt, doch nur vermöge der in Christo hinzugekommenen und sich durch ihn mitteilenden unsündlichen Vollkommenheit und Seligkeit» (209f). Darum gehört zum christlichen Selbstbewusstsein notwendig «das Gefühl der Erlösungsbedürftigkeit» (210). Wie die Kirche im Gegensatz zur Welt besteht, darüber gibt «unser geistiges Leben» Aufschluss.

> «In dem Mass, als wir zu unterscheiden wissen, was in uns selbst der Gemeinschaft der Gläubigen angehört und was noch der Welt, wird auch unser christliches Gemeingefühl das, was um uns her vorgeht, richtig sondern, was davon der Kirche angehört und was der Welt …» (211).

Über die christliche Kirche kann Richtiges nur von denen gesagt werden, «die ihr inneres Leben aus eigner Teilnahme kennen» (211f).

Die Kirche besteht so in der Welt, dass sie zweierlei in sich vereinigt: «ein sich selbst Gleiches, vermöge dessen sie im Wechsel dieselbe bleibt, und ein Veränderliches, worin sich jenes kundgibt» (274). Immer sich selbst gleich bleibt «das Verhalten des H. Geistes zu der Kirche als deren Gemeingeist», «und sie als der Ort desselben in dem menschlichen Geschlecht», und ebenso, «dass es dasselbe Abbild Christi ist, zu welchem sie sich immer zu gestalten strebt» (275). Das Veränderliche in der Kirche ist durch die menschliche Natur bestimmt, «auf welche und durch welche» der Heilige Geist wirkt. Darum bestimmt Schleiermacher den Einfluss der Welt auf die Kirche so: «was durch den H. Geist in den Menschen geworden ist und allmählich wird, ist so, wie es ist, weil die Welt, auf welche der H. Geist wirkt, so war, wie sie war» (275). Ist in der Kirche etwas nicht vom Heiligen Geist gewirkt, so stellt es «das Eingreifen der Welt in das

Gebiet der Kirche» (276) dar, das «standhaft bekämpft» werden muss
(279); ist es vom Heiligen Geist gewirkt, so muss die Kirche «dargestellt
werden als die Wahrheit, in welche der Heilige Geist allein leiten kann, in
sich tragend» (277).

*Viele Menschen in der Kirche träumen von der Welt, in der alles effizienter ist,
mehr geleistet wird, es aufregender oder inspirierter zugeht. Oder sie träumen von
einer Kirche, die ihnen die Welt erspart. Auch wenn wir Schleiermachers Traum
von einem die Welt durchdringenden christlichen Gesamtleben nicht mehr teilen,
zeigt er doch eine Perspektive, die verhindert, sich auf die eine oder andere Seite zu
schlagen. Die Kirche bleibt Welt, wenn auch verwandelt; die Welt bleibt Aufgabe.
Der Ort, von dem aus das Verhältnis zur Kirche und zur Welt bedacht wird, ist
das eigene geistige Leben. Hier gilt es beides zu erkennen, was befreit und verwandelt werden muss und was die Wahrheit in sich trägt. Erst wer diesen Schritt ge-
wagt hat, kann Kirche und Welt im gleichen Sinn in den Blick nehmen. Der
wird wohl differenzierter ausfallen und gnädiger.*

These 4: Die Gemeinschaft funktioniert nur unter Ungleichen (Bd. 2, § 127.133)

Einer der «wesentlichen und unveränderlichen Grundzüge der Kirche»
zeigt sich darin, dass «der gegenseitige Einfluss des Ganzen auf den Einzelnen und der Einzelnen auf das Ganze immer gleich geordnet ist» (278).
Denn, «wo irgend die Rede ist von einer vollkommnen, in einem Gemeingeist beruhenden Gemeinschaft, da muss auch ein gegenseitiger Einfluss
des Ganzen und Einzelnen aufeinander vorausgesetzt werden» (279). «Aller Einfluss des Ganzen auf den Einzelnen konzentriert sich in dem Vergeben der Sünde». Erst danach können die guten Werke anerkannt werden, die zugleich «die Frucht und der Keim der Gaben des Geistes (sind),
die sich in jedem entwickeln; so dass die Vergebung der Sünde auch diesen
erst ihren Ort in der Gemeinschaft der Gläubigen anweiset» (282). Der
Einfluss des Einzelnen auf das Ganze wird durch «das Gebet im Namen
Jesu repräsentiert», «ohne welchen es in einem von einem Gemeingeist
beseelten und insofern in sich abgeschlossenen Ganzen keinen Fortschritt
geben kann» (282). Das Gebet im Namen Jesu betrifft nur «die Angelegenheiten seines Reiches» und beruht auf der Voraussetzung, «dass das
Gebet notwendig die eigene Tätigkeit, um das Erbetene herbeizuführen,
schon in sich schliesst und voraussetzt. Mithin wäre in dem Gesamtleben
ohne diese beiden letzten Institutionen weder Ordnung noch Fortschritt
oder Gelingen» (282).

Diese dynamisch ausgerichtete Ordnung spielt auch innerhalb der Gemeinschaft wie Schleiermacher in seiner Beschreibung vom Dienst am
göttlichen Wort zeigt. «Die für jede Gemeinschaft gültige Voraussetzung

einer ungleichen Verteilung des Gemeingeistes» gilt auch für die kirchliche Gemeinschaft (309). Der «Unterschied von Stärke und Schwäche und von Reinheit und Unreinheit der Darstellung und Auffassung» gilt zwischen Einzelnen wie für jeden Einzelnen selbst.

> «Immer also ist der aufgestellte Gegensatz vorhanden, und die darauf begründete Aufgabe zu lösen. Denn die, wenn auch nur für den Augenblick, Schwachen und Unreinen gehören nur insofern der Gemeinschaft an, als sie empfänglich dafür sind, geläutert und gestärkt zu werden; und die Gemeinschaft hält sie nur insofern wirklich fest, als in ihr solche vorhanden sind, welche ihnen selbsttätig Läuterung und Stärkung darbieten» (309).

Die Selbsttätigen reichen das göttliche Wort dar, «durch eine erregend wirkende Selbstdarstellung, indem die durch Nachbildung aufgenommene Bewegung des sich Darstellenden in dem empfänglich aufgeregten Aufnehmenden eine Kraft wird, welche dieselbe Bewegung hervorruft» (309). Beides kann nur die Wirkung des «in den einen kräftigen Gemeingeistes, so auch nur eine Wirkung des in den einen kräftigen Heiligen Geistes sein» (309f). Eine Selbstmitteilung ist nur dann wirksam, wenn sie schriftgemäss ist. Innerhalb der christlichen Gemeinschaft kann nur Christus mitgeteilt und aufgenommen werden, «so dass jeder nur als erinnerndes und entwickelndes Organ der Schrift wirken darf, wenn nicht unchristliche Ansprüche und separatistische Wirkungen die Gemeinschaft vielmehr auflösen sollen» (310).

Eine vorgegebene Ordnung haben wir nur gern, wenn sie uns nützt, ansonsten versuchen wir, sie zu umgehen. Dass uns eine Gemeinschaft nützt, haben wir vielleicht darum vergessen, weil wir vergessen haben, wie anregend sie sein könnte, wäre sie nur richtig geordnet. Gemeinschaft heisst nicht: alle sind gleich, alle können das Gleiche, alle teilen die gleichen Überzeugungen, alle wollen das Gleiche. Das ist langweilig und lässt alle resignieren. Gemeinschaft heisst: Die Besseren dürfen besser sein und darum weitergeben, mitziehen, anstecken. Die Grösse ihre Aufgabe lässt sie bescheiden sein. Die Schwächeren dürfen schwach sein und darum bedürftig, empfänglich, angesteckt. Die Grösse der Gaben lässt sie hoffen. Alle sind irgendwo stärker und irgendwo schwächer. Über Langeweile und mangelnde Bindekräfte müsste sich eine solche Gemeinschaft keine Sorgen machen.

These 5: Der öffentliche Dienst am göttlichen Wort ist der Mittelpunkt des kirchlichen Lebens (Bd. 2, § 134)

Ein notwendiger und unveränderlicher Grundzug der Kirche, wodurch «die christliche Gemeinschaft immer und überall sich selbst gleich bleibt», ist das immer gleiche Zeugnis von Christus, «und dies findet sich in der

heiligen Schrift und im Dienst am göttlichen Wort» (278). Lehre und Diakonat werden zum öffentlichen Dienst am Wort gerechnet; getrennt sind
beide nur, weil «die zu dem einen Geschäft erforderlichen Gaben am we-
nigsten bedingt sind durch die Erfordernisse zu dem anderen» (313). Es ist
die Gesamtheit, die ihre Geschäftsführung organisiert, indem sie die Dienste an einzelne übergibt, die dafür die «erforderlichen Eigenschaften» wie
die richtige «Ausrüstung» mitbringen (313).

> «Eine solche Übertragung ist nicht möglich ohne eine bestimmte Sonderung der
> Gegenstände und eine genaue Bestimmung des Umfanges, in welchem jeder sein
> Geschäft führen soll. Indem nun hiebei auch, was übertragbar ist und was nicht,
> muss festgestellt werden: so wird auf indirekte Weise auch der unbestimmte Dienst
> mit in die Organisation aufgenommen und der Gegensatz zwischen beiden stumpft
> sich ab» (314).

Aber auch die Übertragung funktioniert nicht auf ausschliessliche Weise;
auch «ausserhalb des öffentlichen Dienstes gibt es ebensolche Selbstmit-
teilungen zwischen einzelnen», sonst würde man «die Gewissen beherr-
schen und den Geist dämpfen» (314). Aus der Übertragung entstehen zwischen den Bedürftigen und den Mitteilenden gegenseitige Beziehungen,
«so dass, wo wir uns eine grosse stetige Masse christlichen Lebens denken,
durch beides zusammen sich Gemeinden begrenzen und sondern, jede als
ein Umfang, in welchem alle zur Förderung des christlichen Lebens notwendige Gaben vorhanden, und alle übertragbaren Geschäfte zweckmä-
ssig verteilt sind» (314).
Die Aufteilung und Übertragung der Ämter kann verschieden sein;
wichtig ist nur, dass «die geordnete Darreichung des göttlichen Wortes»
der Mittelpunkt bleibt, «von dem alles ausgeht und auf welchen sich alles
bezieht» (314). Für «ein wahres Gemeinbewusstsein» und eine «lebendige
Überzeugung von der Identität des Geistes in allen», braucht es «diesen
geordneten öffentlichen Dienst und die damit zusammenhängende Kon-
stitution der christlichen Gemeinde» (314f). Dabei veranschlagt Schleiermacher das Öffentliche am christlichen Gemeinschaftsleben noch höher
als die Übertragung von Ämtern und die daraus entstehende Dynamik:

> «Vielmehr sind die öffentlichen Versammlungen zum gemeinsamen Bekenntnis und
> zur gemeinsamen Erbauung die Hauptsache, und die Übertragung der überwiegen-
> den und leitenden Tätigkeiten darin an einige ausschliessend bleibt nur Nebensache»
> (315).

Alle Gegensätze bleiben untergeordnet, «auf der einen Seite der Einheit
und Selbigkeit des Geistes … auf der andern der … gemeinschaftlichen
unmittelbaren Abhängigkeit von der Schrift» (318).

Wir behandeln die Frage um den öffentlichen Dienst am göttlichen Wort oft als Machtfrage. Schleiermacher behandelt sie als inhaltliche Frage; vermutlich, weil die Macht der Theologen damals keine Frage war. Es geht auch um Macht. Frage ist, ob wir es schaffen, die Machtbefugnisse Einzelner so zu regeln, dass die Macht des göttlichen Worts eine Chance hat, sich zu erweisen; gegenüber uns und anderen. Schleiermacher gibt ganz einfache Hinweise: die Aufgaben bestimmen, voneinander trennen und zuordnen. Festlegen, was übertragbar ist und was nicht und darin durchlässig sein. Dynamisch bleiben, nicht statisch werden.

Der öffentliche Dienst am göttlichen Wort dient der corporate identity der Kirche; gemeint ist allerdings die Identität des Heiligen Geistes. Wir haben keine Repräsentationspflichten in Sachen Identität, sondern Platz für Überzeugungen, deren Wahrheit und Lebendigkeit sich im Austausch zeigt.

Kirche als Ort der Begegnung

Erinnerung an Emil Brunner

Benjamin Stückelberger

Emil Brunner hat mehr über die Kirche geschrieben als «Das Missverständnis der Kirche», mit dem er fast ausschliesslich in Verbindung gebracht wird. Und er hat mehr zum Thema Kirche zu sagen, als man ihm zuzutrauen scheint. Seine Schriften über die Kirche und für die Kirche sind aus einem intensiven Leben und Leiden in und an der Kirche hervorgegangen. Brunner ist in ekklesiologischer Hinsicht immer eine Erinnerung wert. Dies gilt besonders im Hinblick auf die Evangelisch-reformierte Landeskirche des Kantons Zürich. Denn kaum einer hat im vergangenen Jahrhundert das Leben dieser Kirche so nachhaltig beeinflusst wie er.

Wenn man sich an Emil Brunner als an einen «Klassiker» erinnert und danach fragt, welchen Beitrag er zur gegenwärtigen Diskussion über die Kirche leisten kann, so wird man vielleicht nicht viel Neues entdecken. Man wird womöglich nur vermeintlich Selbstverständlichem begegnen. Aber bei den sogenannten Selbsterverständlichkeiten macht man ja immer wieder die Erfahrung, dass sie sich faktisch eben nicht von selbst verstehen. Und deshalb ist es bei weitem nicht der schlechteste Effekt, wenn Selbstverständliches wieder einmal als solches wahrgenommen wird.

These 1: Kirche ist mehr als «Höngg und Küsnacht»

Es gehört zu den Grunderfahrungen Emil Brunners, dass Kirche weltweite Dimensionen hat. Spätestens während eines Studienaufenthaltes in den USA 1919/1920 hatte er ausgiebig Zeit, christlichen Glauben auf einem anderen Kontinent kennen zu lernen. Was für uns heute ein mehr oder weniger bekanntes Phänomen ist, hatte damals durchaus noch Neuigkeitswert. In den USA lernte er aber nicht nur amerikanisches Christentum kennen. Er begegnete dort auch Christinnen und Christen aus China und Afrika. Durch die weltweite Missionstätigkeit der Amerikaner hatte Brunner die Gelegenheit, die weltumspannende Kraft des Evangeliums hautnah kennenzulernen. Dieses Bewusstsein hatte er ein Leben lang wach gehalten. Seine Dozententätigkeit in Japan Anfang der Fünfzigerjahre ist hierfür nur das prominenteste Beispiel.

Kirche ist mehr als Höngg und Küsnacht. Zwingli wusste das ebenso gut wie Brunner. Es ist für unsere Kirche - sei es die Ortsgemeinde oder die Kantonalkirche - wichtig, dass sie sich bewusst ist und bleibt, dass sie Teil einer weltweiten Gemeinschaft ist, von der sie lernen kann und der sie dienen soll.

These 2: Kirche ist nicht nur evangelisch reformierte Landeskirche

Aus dem oben gesagten folgt fast automatisch, dass nach der Gemeinschaft mit diesen anderen Kichen gefragt wird. Wie können die Differenzen zwischen den einzelnen Kirchen überwunden werden, so dass der gemeinsame Glaube an den einen Herrn Jesus Christus auch gemeinsam gefeiert werden kann? Brunner dachte dabei vor allem an die innerevangelische Ökumene. Eine ökumenische Gemeinschaft mit der katholischen Kirche scheint noch nicht in seinem Blickfeld gewesen zu sein. Seine Äusserungen die katholische Kirche betreffend waren nicht gerade auf ein konstruktives Gespräch hin angelegt. Aber in Anbetracht der Tatsache, dass eine innerevangelische Ökumene erst mit der Leuenberger Konkordie Anfang der Siebzigerjahre besiegelt worden ist und Brunner zudem u.a. an der vorbereitenden ökumenischen Konferenz von Oxford 1938 massgeblich beteiligt war, kann man ihn mit Fug und Recht als Vorreiter der ökumenischen Bewegung ansehen.

Mittlerweile ist es eine Selbstverständlichkeit, dass es neben der *Evangelisch-reformierten* Kirche auch noch eine *Römisch-katholische* Landeskirche gibt, die mit sich reden lässt, ja mit der man das Gespräch zu suchen hat. Daneben gibt es aber auch noch Kirchen, die der reformierten Tradition entwachsen, aber keine *Landes*kirchen sind. Die verschiedenen Freikirchen, freikirchlichen Bewegungen und evangelikalen Strömungen geben der innerevangelischen Ökumene unversehens eine neue Aktualität.

Unsere Kirche muss sich dessen bewusst sein und bleiben, dass Ökumene eine nach aussen und nach innen gerichtete Bewegung ist.

These 3: Kirche hat Ausstrahlung

Dass Mission wesentlich zur Kirche gehört, hat Brunner einerseits in den Vereinigten Staaten erleben können. Für seine Mitstudenten am Union Theological Seminary in Princeton und ihre Kirchen war die Mission eine Selbstverständlichkeit. Mission bedeutet für Brunner aber nicht nur das Aussenden von Predigern nach Übersee. Mission ist für Brunner ein anderes Wort für Verkündigung. Die Botschaft des Evangeliums will weitergesagt sein. Sie ist ein Licht, das allen Menschen leuchten soll und also nicht unter den Scheffel gestellt werden darf. Die Stadt auf dem Berge kann nicht verborgen bleiben. Somit ist der christliche Glaube keine Privatsache. Jeder und jede ist ein Missionar, eine Missionarin, ein von Christus gesandter Mensch, die Freude des Evangeliums auszubreiten.

Brunners Gang nach Japan ist seine spezifische Art der äusseren Mission gewesen. Sein Engagement in der Oxford Gruppenbewegung aber auch seine Schrift «Unser Glaube» – um nur zwei Beispiele zu nennen – waren seine Art der inneren Mission. Innere und äussere Mission sind nach Brunner nicht voneinander zu trennen.

Unsere Kirche hat Ausstrahlungskraft, weil und sofern sie von einer enorm gewinnenden Botschaft beseelt ist. Es gehört zu ihrem Wesen, dass sie die Welt immer wieder mit einer Charmeoffensive überrascht.

These 4: Kirche ist Anwältin der Schwachen

Kirche ist jedoch noch in einem weiteren Sinne keine Privatsache. Emil Brunner hatte bei Hermann Kutter Konfirmandenunterricht und sass in den Vorlesungen von Leonhard Ragaz. Er wurde also von den beiden grossen Vordenkern des Religiösen Sozialismus geprägt. Und vor allem in jungen Jahren mahnte er auch die Kirche an ihre Anwaltspflicht den sozial Benachteiligten gegenüber. Er erkennt in ihrem Nichteinsatz für die Taglöhner und Arbeitslosen eine wesentliche Ursache für den Ersten Weltkrieg. Er erwartet von der Kirche nicht die Rettung der Welt. Aber er erwartet von ihr, dass sie den Notleidenden dieser Welt den schuldigen Samariterdienst leistet. Brunner traut der christlichen Gemeinschaft etwas zu. Sie vermag zu leisten, wozu der Einzelne nicht in der Lage wäre. Er traut ihr zu, dass sie sich auch und gerade «vor der Welt» dafür – erfolgreich! – einsetzen kann, dass den Hilflosen geholfen werde.

Die Option für die Armen gehört ins Stammbuch unserer Kirche. Sie muss sich die Mittel und die Struktur geben, damit sie in der Lage ist, als glaubwürdige Anwältin der Schwachen vor Gott und der Welt aufzutreten.

These 5: Kirche ist Lebensgemeinschaft

Für Brunner war klar, dass sich der Glaube jedes Einzelnen im Leben als wirklich erweisen muss. Glauben und Leben gehören zusammen. Der Glaube ist aber nie losgelöst von anderen Christinnen und Christen zu haben. Deshalb führt er notwendigerweise in die Gemeinschaft hinein. Wer glaubt, will mit anderen über das in der Bibel Gelesene und in der Verkündigung Gehörte austauschen. Er will etwas von diesem grossen Geschenk weitergeben. Den Glauben gilt es zu *tun*. Auch die Einzelperson kann ihr Licht nicht unter den Scheffel stellen. Das ist das dritte Moment, das darauf verweist, dass christlicher Glaube nie und nimmer Privatsache sein kann. Das Tun des Glaubens ereignet sich im gemeinsamen Singen und Beten und Hören auf das Wort der Schrift. In dieser Gemeinschaft, die nach Brunner idealerweise eine Hausgemeinde ist, kristallisiert sich das christliche Leben. Sie ist der Kern jeder Kirche, der Same der aufgeht und grösser wird und zu seiner Zeit Früchte trägt. Der Glaube hat sich in der Liebe als tätig zu erweisen. Deshalb hat Brunner die Oxford-Gruppenbewegung so sehr eingeleuchtet. Sie ging ganz von diesem Gemeinschaftsgedanken aus. Menschen jeden Standes und Geschlechts wurden zu sogenannten Hausparties eingeladen. Dort berichteten dann Einzelne von ihren Erlebnissen mit Gott. Vorträge schlossen sich an. Schliesslich ging man in Kleingruppen, um über das Gehörte zu sprechen.

Während bei Brunner die liturgisch gefeierte Gemeinschaft mit der im Alltag gelebten Gemeinschaft beinahe zusammenfällt, wird sich unsere Kirche fragen müssen, wo und wie ihr Leben sichtbar werden soll.

These 6: Kirche ist ein Ort wahrmachender Begegnung

Die Bedeutung der Gemeinschaft reicht noch weiter. Sie ist der Ort, wo Wahrheit erfahrbar wird. Eines von Brunners wichtigsten Büchern ist zweifellos «Wahrheit als Begegnung». Dieses Buch ist auch in Bezug auf seine Ekklesiologie ein Schlüsselwerk. Demnach hat Wahrheit nicht so sehr mit objektiv wahren Sätzen zu tun. Sie kann aber auch nicht als rein subjektives «Wahrheit ist für mich ...» angemessen erfasst werden. Wenn der johanneische Christus von sich sagen kann: «Ich bin ... die Wahrheit» (Joh 14,6), so ist Wahrheit eng an die Person eben dieses Christus gebunden. Wenn es weiter im Johannesprolog heisst, die Wahrheit sei durch ihn gekommen (Joh 1,17), dann kommt der Wahrheit wesentlich *Ereignischarakter* zu. Wahrheit erkennen heisst somit, eine Person erkennen, ihr begegnen. In der Begegnung von Person zu Person ereignet sich Wahrheit.

Wo zwischen Menschen Begegnung im Sinne Brunners geschieht, da begegnet ein Ich einem Du. Die beteiligten Personen teilen sich nicht *etwas* mit, sondern *sich selber*. Sie erkennen – natürlich nur ansatzweise bzw. bruchstückhaft –, wer das Gegenüber *in Wahrheit* ist. In der Begegnung mit Christus, ereignet sich *die* Wahrheit. Eine Begegnung mit dem Herrn der Kirche ist aber nicht ohne die Verkündigung eines Gliedes der Kirche zu haben. Somit ist die Begegnung mit Christus nicht ohne die Begegnung mit dem Mitmenschen zu haben. Deshalb ist die Kirche, die Gemeinschaft der Glaubenden, der Ort, an dem sich die Wahrheit ereignet. Die Gemeinschaft mit Christus lässt sich nicht mehr von der Gemeinschaft der Gläubigen trennen. Deshalb kann Brunner zugespitzt formulieren: «Es ist richtiger zu sagen, es geht um die Schaffung von Kirche als um die Schaffung von Glauben oder Gläubigen, darum, weil dem gemeinschaftstiftenden Wort und Werk Jesu auch die faktische Gemeinschaft entspricht und nicht der einzelne Mensch oder sein Glaube.»[1] In der Begegnung wird zudem nicht nur die sich ereignende Wahrheit erkannt. Die erkennende Person erfährt sich auch als wahrhaft erkannt. Im Lichte von Gottes Liebe erfährt sich das Ich als von der Wahrheit umhüllt. Es erfährt über sich, dass es ein in Wahrheit liebenswerter Mensch ist. Insofern ist die Begegnung wahrmachende Begegnung.

Damit stellt sich die Frage nach der Struktur der Kirche bzw. nach ihrer Organisation. Auf diese Frage ist Brunner nie wirklich eingegangen. Er konnte zwar sagen, die Kirche *hat* eine Organisation, aber sie *ist* keine. Wie diese Organisation aber aussehen könnte, darüber hat er sich nirgends ausgelassen. Damit befindet sich Brunner zwar in gut reformierter Tradition, die mit dem Primat der Ortsgemeinde eben auf die «gwüssere Chilch» baut. Er leidet dabei aber ebenso an einer ebenso reformierten Hierarchophobie. Wo eine Kirche ganz auf die Begegnungen vor Ort baut, da droht sie auch in eben diese kleineren und grösseren Orte zu verfallen. Das Verbindende verflüchtigt sich. Mit welchem Gesicht begegnet sie aber dann der Welt? Wer erhebt dann im Namen dieser Kirche seine Stimme, um sich für ihre Rechte und noch vielmehr die Rechte der Schwachen einzusetzen?

Unsere Kirche tut gut daran, Brunners Anliegen zu beherzigen und möglichst viele Gelegenheiten zu wahrmachenden Begegnungen zu schaffen. Sie sollte sich aber vor einer übertriebenen Hierarchie-Angst befreien und lernen, starke Strukturen als tragende Elemente zu verstehen, die einen grossen kirchlichen Freiraum eröffnen.

These 7: Kirche ist Ausgangspunkt und Ziel aller Theologie

Emil Brunner war Professor für Theologie. Er hatte das akademische Handwerk gleichsam von der Pike auf gelernt. Gleichzeitig stand sein ganzes Schaffen im Dienste des kirchlichen Lebens. Von ihm kann gesagt werden, was er von allen «echten, grossen christlichen Theologen» sagte: Er dachte «aufgrund des christlichen Bekenntnisses und im Lebenszusammenhang der christlichen Gemeinde oder Kirche.»[2] Christliche Theo-

---

1 Wahrheit als Begegnung, Zürich ²1963, 169.
2 Theologie und Gemeinschaft, in: Ein offenes Wort. Vorträge und Aufsätze 1917–1962, Zürich 1981, Bd. 1, 196.

logie gibt es nur im Raum der Kirche. Umgekehrt muss sich die Kirche immer wieder kritisch von der theologischen Wissenschaft über ihr Tun und Lassen befragen lassen. Indem die Theologie kritisch über den Grund der Gemeinschaft, das Bekenntnis, nachdenkt, ist das Resultat ihrer Bemühungen letztlich Erkenntnis wahrer Gemeinschaft. Nur wo die Theologie ganze Arbeit leistet, behält das christliche Bekenntnis seine erneuernde Kraft. Und nur, wo die christliche Gemeinde ganz bei ihrer Sache ist, wird auch wahrhafte Theologie getrieben. Kirche und Theologie müssen somit in einem beständigen Austausch miteinander sein, im Bewusstsein, dass die eine ohne die andere nicht zu haben ist.

Unsere Kirche muss sich stets vor Augen halten, dass sie auf die Arbeit der Lehrerinnen und Lehrer der Theologie angewiesen ist, da sie per definitionem auch Lehrerinnen und Lehrer der Kirche sind. Umgekehrt hat sie diese ebenso konsequent an ihre Aufgabe zu erinnern.

These 8: Kirche ist «verkündigende Existenz als das geschichtliche Kontinuum der Offenbarung»[3]

Selbstverständlich, so müssen wir nun sagen, legt Brunner besonderes Gewicht auf die Existenz. Verkündigung hat in Wort und Tat zu geschehen. Denn sie transportiert nicht nur Gottes Wort durch die Geschichte, sondern auch seinen Geist und sein Leben. Aber abgesehen davon kann Brunner seinen Kirchenbegriff sehr weit fassen. Jedes geschichtliche Leben, das in Jesus Christus seinen Ursprung, seinen Grund und seine höchste Norm anerkennt, ist in seinen Augen Kirche. Oder anders gesagt: Kirche ist «überall da wo Menschen von Christus erfasst und bewegt werden und dieses Bewegtsein auf andere übertragen.»[4] Um diese Bewegung weitergeben zu können, braucht es Nähe. Je näher die Menschen sich kommen, desto direkter und unmittelbarer kann das in Jesus Christus gründende Leben weitergegeben werden. Darum ist Kirche wesentlich ein Ort der Begegnung. Sie ist ein Ort, an dem sich Menschen nahe sein und sich so in Wort und Tat den nahegekommenen Gott verkündigen können.

Diese Nähe braucht es allerdings auch zu den Christinnen und Christen vergangener Zeiten. Nur wenn wir den Austausch mit ihnen nicht aufgeben, kann auch unser Christsein in Bewegung bleiben. Von ihnen her ist uns unser Glaube überliefert worden. Sie können uns immer wieder in Bewegung versetzen. Brunner selber hat diesen Aspekt seines eigenen Satzes zu wenig beachtet.

---

3 Dogmatik Bd. 3: Die christliche Lehre von der Kirche, vom Glauben und von der Vollendung, Zürich 1960, 17.

4 AaO, 19.

Unsere Kirche wird bei allen gebotenen Neuerungen nicht vergessen dürfen, dass sie in einer zweitausendjährigen Tradition steht, ihr Leben anderen verdankt, deren Nähe sie suchen muss, um in Bewegung zu bleiben. Dies gilt es - ausgehend von Brunner gegen ihn selber, aber gerade darum ihm zu Gute - festzuhalten.

Karl Barths Beitrag zur Theorie des Kirchenrechts

Frank Jehle

I. Die weltliche Ordnung der Kirche
widerspricht ihrem geistlichen Wesen (Rudolph Sohm)

Karl Barths Beitrag zur Theorie des Kirchenrechts lässt sich am besten erfassen, wenn man diesen der Sicht Rudolph Sohms und Emil Brunners gegenüberstellt. *Rudolph Sohm* (1841–1917) war einer der bedeutendsten deutschen Juristen seiner Generation und ein mit seiner Kirche verbundener Protestant. In Anknüpfung an die damalige neutestamentliche Wissenschaft versuchte er zu zeigen, dass die christliche Kirche im ursprünglichen Sinne des griechischen Wortes ekklesía einer «rechtlichen Organisation unfähig» sei[1]. «Das Kirchenrecht steht mit dem Wesen der Kirche in Widerspruch. ... Das Wesen der Kirche ist geistlich; das Wesen des Rechts ist weltlich.»[2] In der Vorrede zu seinem grossen Buch fasste Sohm das Entscheidende seiner Sicht zusammen: «Das Christentum ist in die Welt hereingekommen, überirdisch, überweltlich. Du wirst es nimmermehr verstehen, wenn du nicht selber aus dem Wunderbecher getrunken hast, dessen Inhalt den Durst der Seele stillt. Trinke, und du wirst nimmermehr dürsten. Trinke, und du wirst eine neue Welt entdecken, die du nie zuvor gesehen, die Welt des Geistlichen, überwölbend, überstrahlend die Welt des Irdischen ... Aber diese Welt des Geistlichen kann nicht mit juristischen Begriffen erfasst werden. Noch mehr, ihr Wesen steht zu dem Wesen des Rechtes in Gegensatz. Das geistliche Wesen der Kirche schliesst jegliche kirchliche Rechtsordnung aus. In Widerspruch mit dem Wesen der Kirche ist es zur Ausbildung von Kirchenrecht gekommen.»[3] Die Geschichte des Kirchenrechts wird von Sohm auf 700 Seiten minutiös als

---

1 Rudolph Sohm, Kirchenrecht. Erster Band. Die geschichtlichen Grundlagen (1892); Leipzig 1923, 22 (in der Folge abgekürzt als Sohm I); Zweiter Band. Katholisches Kirchenrecht (als nachgelassenes Fragment erst nach Sohms Tod publiziert!), Leipzig 1923.
2 Sohm I, 1.
3 Sohm I, X.

Abfallbewegung von einem anfänglich – als Urgemeinde – real existierenden Ideal geschildert.

II. Die neutestamentliche Ekklesia kennt keine Institution (Emil Brunner)

Der Zürcher Theologe *Emil Brunner* (1889–1966) war von Rudolph Sohm
stark beeinflusst. Brunner hatte in den Jahren 1908–1912 vor allem bei
Leonhard Ragaz studiert, der der offiziellen Kirche kritisch gegenüber-
stand und wegen dieser Kritik im Jahr 1921 von seiner Professur zurück-
trat. Je länger desto mehr empfand Ragaz es als unglaubwürdig, Pfarrer
zum Dienst in einer Kirche auszubilden, die institutionell erstarrt war, eine
Pfarrerkirche war und sich einseitig am Mittelstand orientierte. In seiner –
von Emil Brunner gehörten – Vorlesung über die soziale und seelsorgerli-
che Tätigkeit des Pfarrers sagte er im Wintersemester 1911/12, die Kirche
sei «tot», wenn sie ihre Gemeinschaftsform nicht ändere und demokratisie-
re. Er empfahl seinen Studenten die englische Brotherhood-Bewegung, die
– wie Ragaz später formulierte – den «Versuch einer geistigen Gütergе-
meinschaft auf dem Boden der christlichen Brüderlichkeit» darstelle und
gewissermassen das Ideal der Urkirche im Sinne Rudolf Sohms in die Gegenwart transponiere. Dem jungen Emil Brunner machte das einen tiefen
Eindruck. Selbst in einem pietistischen Milieu aufgewachsen, leitete er
schon als Gymnasiast eine Schülerbibelgruppe. Er war Mitglied des Christlichen Studentenweltbundes. Während seiner Studienzeit in Zürich beteiligte er sich am Christlichen Verein Junger Männer im Glockenhof. Nach
Abschluss seiner Dissertation kam es während eines Aufenthaltes in Eng-
land zur Begegnung mit christlichen – teilweise quäkerischen – sogenannten «Settlements», Haus- und Lebensgemeinschaften, in denen sich kleine
Kreise von Männern und Frauen zur religiösen Fortbildung und Vertie-
fung zusammenfanden, wobei sie sich im Innersten näher kamen, ihre
Zweifel aussprachen und den Glauben miteinander teilten. Hier war – so
noch einmal Leonhard Ragaz – «eine Werkstätte der Laienfrömmigkeit,
eine Keimzelle wahrer religiöser Gemeinschaft».
    Emil Brunner wurde dann zwar «gewöhnlicher» Gemeindepfarrer, spä-
ter Theologieprofessor (de facto Nachfolger von Leonhard Ragaz) und
liess sich in die Zürcher Synode wählen. Seine Jugendeindrücke von freien
christlichen Gemeinschaften, in denen ein Kirchenrecht als überflüssig erscheint, (und in den Dreissigerjahren seine Mitarbeit in der von Frank
Buchmann gegründeten Oxford- oder Gruppenbewegung) haben seine
Vorstellungen von Kirche und Kirchenrecht dauerhaft beeinflusst. Vor allem in seinem Buch «Das Missverständnis der Kirche» von 1951 und im
letzten Band seiner Dogmatik von 1960 stellte Brunner ausführlich dar,
was bereits bei Sohm steht: «Die Ekklesía» – d. h. die Kirche im Sinne des

Neuen Testaments – weiss «nichts vom heiligen Kirchenrecht. Sie ist keine Institution.»[4]

III. Botschaft und Ordnung der Kirche bedingen einander (Karl Barth)

Brunners in den letzten Jahrzehnten seines Lebens in Basel lehrender Kollege Karl Barth (1886–1968) sah das völlig anders, was auch mit einem anderen Erfahrungshorizont zusammenhing: Von 1921–1935 arbeitete er als Theologieprofessor im Deutschen Reich, zuerst in Göttingen, dann in Münster in Westfalen und zuletzt in Bonn. Hier erlebte er den Aufstieg des Nationalsozialismus, Hitlers Machtergreifung und in der Kirche selbst: das Aufkommen der Glaubensbewegung der Deutschen Christen. Er nahm wahr, was es praktisch heisst, wenn eine Kirche dem Staatskirchenrecht wehrlos ausgeliefert ist. Die evangelische Kirche hatte «dem alles usurpierenden staatlichen Recht keine eigene Rechtskonzeption und -ordnung entgegenzustellen.»[5] Nachdem das Deutsche Reich den sogenannten «Arierparagraphen» für Staatsbeamte eingeführt hatte, verlangte es von der evangelischen Kirche – und setzte es schliesslich durch –, dass Pfarrer mit jüdischen Vorfahren aus dem Kirchendienst entlassen wurden. Theologieprofessoren mussten dem «Führer» Adolf Hitler bedingungslos Gehorsam schwören (was Barth verweigerte, weshalb er die Professur in Bonn verlor). Im innerkirchlichen «Kirchenkampf» wurden rechtliche Fragen plötzlich wichtig. Wie steht es mit dem kirchlichen Bekenntnis? Muss man tolerieren, wenn es Theologen gibt, die in Hitler den wiedergekommenen Christus erblicken? Was gilt in der Kirche wirklich? Wenn der Staat das «Führerprinzip» einführt, muss sich die evangelische Kirche dann ebenfalls Bischöfe und an deren Spitze einen «Reichsbischof» aufnötigen lassen?

Karl Barth kam auf diesem Hintergrund dazu, sich lebhaft für das Kirchenrecht zu interessieren:

«Die christliche Kirche ist die Gemeinde von Brüdern [und Schwestern], in der Jesus Christus in Wort und Sakrament durch den Heiligen Geist als der Herr gegenwärtig handelt. Sie hat mit ihrem Glauben wie mit ihrem Gehorsam, mit ihrer Botschaft wie mit ihrer Ordnung mitten in der Welt der Sünde als die Kirche der begnadigten Sünder zu bezeugen, dass sie allein sein Eigentum ist, allein von seinem Trost und von seiner Weisung in Erwartung seiner Erscheinung lebt und leben möchte.
Wir verwerfen die falsche Lehre, als dürfe die Kirche die Gestalt ihrer Botschaft und ihre Ordnung ihrem Belieben oder dem Wechsel der jeweils herrschenden weltanschaulichen und politischen Überzeugungen überlassen. ...

---

4 Emil Brunner, Das Missverständnis der Kirche. Zürich 1951, 125. Für weitere Angaben vgl. den Artikel von Benjamin Stückelberger im vorliegenden Band (s. o. S. 121–127).

5 Siegried Grundmann, Art. Sohm, Rudolph, in: RGG[3] Bd. VI, 1962, 116–117, 117.

Die verschiedenen Ämter in der Kirche begründen keine Herrschaft der einen über die anderen, sondern die Ausübung des der ganzen Gemeinde befohlenen Dienstes. Wir verwerfen die falsche Lehre, als können und dürfe sich die Kirche abseits von diesem Dienst besondere, mit Herrschaftsbefugnissen ausgestattete Führer geben oder geben lassen.»[6]

Diese von Karl Barth für die Bekenntnissynode von Barmen im Jahr 1934 verfassten Thesen sind kirchenrechtlich von höchster Relevanz. Es kann in einer Kirche also auch «falsche Lehre» geben. Der Gemeinde ist nicht nur eine Botschaft anvertraut, sondern sie hat ebenfalls eine aufweisbare «Ordnung». Diese ist eine Dienstordnung. Wer ein Amt in der Gemeinde versieht, hat dieses empfangen, um zu dienen. (Man könnte an den schönen Papsttitel erinnern: servus servorum dei.)

1. Das Kirchenrecht wurzelt im Bekenntnis

Abgesehen von kleineren Publikationen äusserte sich Barth vor allem im im Jahr 1955 erschienenen Band IV/2 seiner «Kirchlichen Dogmatik» unter dem Titel «Die Ordnung der Gemeinde» zu diesem Thema.[7] Das Kapitel über «Die Ordnung der Gemeinde» ist Teil von Barths Versöhnungslehre. Grundsätzlich hält er gleich am Anfang fest: Versöhnung bedeutet auch, dass Gott eine «grosse Kampfaktion gegen das Chaos und also *gegen die Unordnung*» unternimmt.[8] «Ordnung» ist «Protest gegen das Chaos».[9] «Wir werden es, wenn von der *Ordnung* der Gemeinde die Rede sein soll, nicht vermeiden können, im gleichen Atemzug ... von dem in ihr offenbaren, erkannten, anerkannten und gültigen *Recht* zu reden.»[10] In Auseinandersetzung mit Emil Brunners Begriff der «Bruderschaft» präzisiert Barth das Wort, indem er die Kirche als *«bruderschaftliche Christokratie»* oder *«christokratische Bruderschaft»* definiert.[11] Eine Gemeinde, die nicht «nach Ordnung und Recht» fragt, gibt ihr Leben «unvermeidlich dem Zufall, der Willkür, der Verwilderung» preis.[12] Es lässt sich zwar nicht bestreiten (und hier haben Sohm und Brunner etwas Richtiges diagnostiziert), dass «Juridifizierung und Bürokratisierung», «Formalisierung und

---

6 Hermann Schuster u. a. (Hgg.), Quellenbuch zur Kirchengeschichte III, Frankfurt/M. [8]1968, 106.

7 Karl Barth, Kirchliche Dogmatik IV/2, Zürich 1955, 765–824 (fortan abgekürzt mit IV/2).

8 IV/2, 766.

9 IV/2, 766.

10 IV/2, 766.

11 IV/2, 770 (Hervorhebungen teilweise von Frank Jehle). Karl Barth übernahm den Begriff «bruderschaftliche Christokratie» von dem mit ihm befreundeten Kirchenrechtsspezialisten Erik Wolf.

12 IV/2, 771.

Technisierung» des kirchlichen Lebens «Phänomene der Unordnung» beziehungsweise einer schlechten Ordnung sind. Diese lassen sich aber nicht bekämpfen, indem man das Problem des Kirchenrechts auf die Seite schiebt, sondern nur «mit Erkenntnis und Befestigung der wahren *Ordnung*».[13] Der Glaube an den auferstandenen Christus impliziert eine «in ihm aufgerichtete *Ordnung* und daraus folgend die *Verpflichtung*», dass die Kirche «dieser seiner Ordnung entsprechend» gestaltet und geleitet werde.[14]

> «Das immer wieder zu erfragende rechte Kirchenrecht ist integrierender Bestandteil des ja ebenfalls immer wieder zu erfragenden rechten ... Bekenntnisses ...»[15] «Rechtes Kirchenrecht entsteht ... aus dem Hören auf die Stimme Jesu Christi.»[16] Die «zu hörende Stimme ist die des in der heiligen Schrift bezeugten Jesus Christus.»[17]

Barth grenzt sich gegen ein biblizistisches oder fundamentalistisches Missverständnis ab: «Die Gemeinde hat ... bei der Frage nach ihrer ... Lebensform nicht etwa abzuschreiben, zu übernehmen, nachzuahmen ...»[18] Sie wird sich «an der ersten und originalen Gestalt der ‹bruderschaftlichen Christokratie› zu orientieren haben – nicht um sie in ihrer damaligen und dortigen Gestalt wiederherzustellen, sondern um sich durch sie anleiten zu lassen ...»[19] Karl Barth war sich bewusst, dass theologische Fachleute dabei auf die Mitarbeit der «juristischen Wissenschaft und Kunst» angewiesen sind.[20] Die Kirche braucht auf alle Fälle eine Form. Und diese Form kann sie sich nicht von aussen (z. B. vom Vereinsrecht oder von einem Staatskirchenrecht) geben lassen. Ihre Form muss christusverträglich sein, da Jesus Christus selbst ihr «lebendiges Gesetz» ist.[21]

Im Rahmen seiner Dogmatik legte Karl Barth kein konkret ausgestaltetes Kirchenrecht vor. Einerseits musste dieses je nach Zeit und Ort neu gestaltet werden. Andererseits war man dabei auf die Zusammenarbeit von Fachleuten für Theologie und für Rechtswissenschaften angewiesen. Wohl aber formulierte Barth Leitlinien für die Gestaltung eines Kirchenrechts:

1. Kirchenrecht ist Dienstrecht.
2. Kirchenrecht ist liturgisches Recht.
3. Kirchenrecht ist lebendiges Recht.
4. Kirchenrecht ist vorbildliches Recht.

---

13 IV/2, 771 (Orthographie modernisiert).
14 IV/2, 771.
15 IV/2, 772.
16 IV/2, 772.
17 IV/2, 773 (Hervorhebung aufgehoben).
18 IV/2, 773.
19 IV/2, 773.
20 IV/2, 781.
21 IV/2, 772.

2. Kirchenrecht ist vorbildliches Recht

Zunächst zum 4. Punkt: In der Regel hat man sich Kirchenrecht so vorgestellt, dass es eine Art modifizierte Form von säkularem Recht sei. (Etwa
die Verfassung eines Schweizer Kantons wird mehr oder weniger angepasst auf die Verfassung der Kantonalkirche übertragen. Die Synode wird
organisiert wie ein Kantonsrat.) Barth kehrte dieses Verhältnis um: Allenfalls mag es sein, dass von einer rechten Kirchenverfassung Impulse für
eine Staatsverfassung ausgehen. «Das Recht der Kirche ist das Ergebnis
ihres Versuches, in Erkenntnis und Anerkennung des Rechtes Jesu Christi
zu denken und zu handeln ...»[22] Die Kirche wird auf diesem Hintergrund,
sofern sie dazu die Möglichkeit hat, mithelfen, auch das weltliche Recht
mitzugestalten. Von ihrer «Mitte» her hat sie ein gewisses «Rechtsempfin-
den» und kennt den «Weg vom schlechteren zum besseren Recht.»[23] Sie
weiss um einen «Weg zu etwas besserem Recht, zu etwas ernsthafterer
Ordnung, zu etwas sichererem Frieden, zu etwas echterer Freiheit, zu einer
etwas solideren Erhaltung und Gestaltung des menschlichen Lebens und
Zusammenlebens.»[24] Wie sollte die Kirche Jesu Christi nicht auch in diesem Bereich solidarisch mit der Welt sein?

3. Kirchenrecht ist Dienstrecht

Für den vorliegenden Zusammenhang wichtiger sind die anderen Punkte: Dass Kirchenrecht Dienstrecht ist, geht bereits aus der Formulierung
von Barmen hervor, wo die Kirche als «Gemeinde von Brüdern [und
Schwestern]» beschrieben worden ist, in der es keine Herrschaftsverhält-
nisse gibt. «Dienst ist nicht eine unter den Funktionen des Seins der Gemeinde, sondern Dienst ist ihr Sein in allen seinen Funktionen.»[25] *Das
ganze Tun der Gemeinde ist Diakonie.*[26] Das gilt auch von der kirchlichen
Administration und von der theologischen Wissenschaft, die dementsprechend gestaltet werden müssen. Über die Theologie als Wissenschaft sagt
Barth, dass sie «in der Wahl und Anwendung ihrer Methoden jede denkba-
re Freiheit beanspruchen» dürfe. Sie müsse auch «nicht der Kirche, geschweige denn einer Kirchenbehörde» dienen. Wohl aber habe sie «in der
Kirche zu dienen.»[27] Es gibt in der Kirche verschiedene Ämter oder Dienste. «Es haben nicht alle Christen» in «derselben Funktion» zu dienen, «es

---

22 IV/2, 818.
23 IV/2, 819.
24 IV/2, 820 (Hervorhebungen aufgehoben).
25 IV/2, 784.
26 IV/2, 784.
27 IV/2, 785.

haben aber alle ... zu dienen.»[28] Barth bringt so die Lehre vom allgemeinen Priestertum zur Geltung.

4. Kirchenrecht ist liturgisches Recht

Besonders ausführlich ist der zweite Punkt: Kirchenrecht ist liturgisches Recht. Ohne Gottesdienst im engeren Sinne dieses Wortes – d.h. als gemeinsames Feiern der Gemeinde – ist eine Kirche nicht denkbar, weshalb der Gemeindegottesdienst von Barth als «distinkte Mitte» der Gemeinde[29] oder als die «Mitte ihres Lebens»[30] bezeichnet wird. Von dieser Mitte her «kann, muss, darf und wird es ... auch im christlichen Alltag ... eigentliches christliches Sein, eigentliches christliches Handeln der Gemeinde geben, von [hier] aus dann auch das Recht und die Ordnung des Ganzen»[31], weshalb Barth formulieren kann, dass «alles Recht in der Kirche im Geschehen ihres Gottesdienstes seinen ursprünglichen Sitz hat ...»[32] *Die christliche Gemeinde ist «Bekenntnisgemeinschaft», «Taufgemeinschaft», «Abendmahlsgemeinschaft» und «Gebetsgemeinschaft».*

Weil die Gemeinde «Bekenntnisgemeinschaft» ist, ist es nötig, dass der Glaube immer neu in der Gemeinde bekannt wird – unter Umständen in der «gemeinsame[n] Rezitation einer Bekenntnisformel», sicher im «gemeinsamen Gesang», entscheidend jedoch in der «Predigt des Wortes Gottes».[33] Karl Barth stellt sich eindeutig in die reformatorische Tradition. Wie ökumenisch offen er ist, geht aber aus den beiden folgenden Bestimmungen hervor: Die Gemeinde ist auch – und zwar zwingend – «Tauf- und Abendmahlsgemeinschaft». Man mag die Taufe verschieden interpretieren. Das ändert nichts daran, dass sie unter keinen Umständen zur Disposition gestellt werden darf. «... es ist die Taufe, von der [die Gemeinde], im Namen Jesu versammelt, in allen ihren Gliedern herkommt; in der von dorther geschenkten Freiheit feiert sie ihren Gottesdienst.»[34]

Analoges gilt vom Abendmahl. Es steht ebenfalls nicht zur Disposition und muss entsprechend geordnet werden (und es muss – was Karl Barth nicht ausspricht, was jedoch unmittelbar aus seinen Ausführungen folgt – natürlich in jedem ordentlichen Sonntagsgottesdienst und nicht nur an den hohen Festtagen gefeiert werden). Dass Jesus Christus die Seinen «speise und tränke, dass Er ihnen mitten in dem Leben, in dem auch sie vom Tod umfangen sind, Wegzehrung geben und selber sein will, das ist die Ver-

---

28 IV/2, 785 (Hervorhebungen aufgehoben).
29 IV/2, 790.
30 IV/2, 791.
31 IV/2, 791 (Hervorhebungen aufgehoben).
32 IV/2, 791 (Hervorhebung aufgehoben).
33 IV/2, 793 (Hervorhebungen aufgehoben).
34 IV/2, 795.

heissung, mit der er sie zusammenführt. Und so gehen und kommen sie in die Versammlung der Gemeinde, um sich daselbst als Brüder und Schwestern an den Tisch zu setzen, an dem Tisch gemeinsam zu essen und zu trinken, an welchem Er als Hausherr und Gastgeber obenan sitzt, sie seine eingeladenen und willkommenen Gäste sein dürfen. Sie gehen und kommen zum ‹Herrenmahl›», wo er «selber Speise und Trank ist.»[35] – Die Bestimmung der Gemeinde als «Gebetsgemeinschaft» bedeutet, dass Christinnen und Christen nicht als Besitzende, sondern als Bedürftige vor ihrem Gott stehen.

Auf den ersten Blick scheint Karl Barth mit diesen vier Bestimmungen vom Problem eines richtigen Kirchenrechts weit entfernt zu sein. Und doch zieht er daraus Konsequenzen. Aus dem Begriff «Bekenntnisgemeinschaft» leitet Barth ab, dass auch kirchenrechtliche Bestimmungen Bekenntnischarakter haben müssen. Ein «rechtes Kirchenrecht» ist «notwendig ‹bekennendes› [Kirchenrecht].»[36] Im Zusammenhang mit dem Begriff «Taufgemeinschaft» weist Barth darauf hin, dass die christliche Gemeinschaft auf Vertrauen beruht. Auch kirchenrechtliche Bestimmungen sind eine Vertrauenssache und *«grundsätzlich nicht erzwingbar».*[37] Es ist dies einer der wichtigsten Unterschiede zwischen Kirchenrecht und weltlichem Recht. Selbst wenn man kirchenrechtliche Vorschriften in der grösstmöglichen Strenge formuliert, können sie nur das «Vertrauen» und «so den Gehorsam ... in Anspruch nehmen.» Ausserhalb dieses «Vertrauens kann rechtes Kirchenrecht weder entstehen noch gehandhabt werden. Wogegen [ihm] eben dieses in der Taufe begründete Vertrauen ... eine geistliche Kraft gibt, wie sie kein anderes, kein weltliches Recht haben kann.»[38]

Aus dem Begriff «Abendmahlsgemeinschaft» leitet Barth ab, dass die kirchliche Rechtsordnung «notwendig den Charakter einer Gemeinschaftsordnung» trägt.[39] Im Abendmahl werden «alle in gleicher Weise gespiesen und getränkt ...»[40] Und da «es sich im Abendmahl um das Eigentümliche zugleich einer äusseren und inneren, sichtbaren und unsichtbaren, leiblichen und seelischen Ernährung handelt», wird «die aus der Aktion des Abendmahls abzulesende Kirchenordnung das Leben der Gemeinde ... in seiner Ganzheit und also zugleich in seiner spirituellen und materiellen Natur umfassen ... Sie wird die Starken für die Schwachen, die Gesunden für die Kranken, die Reichen für die Armen in jeder Hinsicht verantwortlich [machen]»; Christinnen und Christen sind «nicht nur innerlich, sondern auch äusserlich für einander und auch für den Bestand der Ge-

---

35 IV/2, 796f.
36 IV/2, 801.
37 IV/2, 801 (Hervorhebung von Frank Jehle).
38 IV/2, 802.
39 IV/2, 802 (Hervorhebung aufgehoben).
40 IV/2, 802.

meinde haftbar ...»[41] Der Begriff «Abendmahlsgemeinschaft» impliziert ein sozialethisches Programm.

Da Christinnen und Christen in der «Gebetsgemeinschaft» Gott als Vater anrufen, sind sie unter einander Schwestern und Brüder. In einer Geschwisterschar gibt es ältere und jüngere und solche mit unterschiedlichen Begabungen, woraus Anregungen zur Ämterfrage abgeleitet werden: In der Kirche als einer «Gemeinde von Brüdern [und Schwestern]» haben nicht alle den gleichen Auftrag. «Führer, Lehrer, Seelsorger» kann und wird es geben.[42] Es ist Gott selbst, der seiner Gemeinde die nötigen Funktionsträger und Funktionsträgerinnen erweckt. Die verschiedenen Gaben in der Gemeinde müssen aber geordnet werden:

> «Die Freiheit des Heiligen Geistes, die christokratische Bruderschaft in diesem Sinn zu ordnen, solche faktische Führerschaft des Bruders für den Bruder nicht zu verhindern, sondern zu garantieren – das wird die Aufgabe und Sorge des rechten Kirchenrechtes sein.»[43]

5. Kirchenrecht ist lebendiges Recht

Abschliessend zum dritten Punkt: Kirchenrecht ist lebendiges Recht. Barth war also der Meinung, dass die Befolgung kirchenrechtlicher Bestimmungen auf Grund ihres besonderen Charakters nicht mit Gewalt erzwungen werden kann. Trotzdem sind sie verbindlich. Was beschlossen worden ist, das gilt. Das heisst aber nicht, dass nicht auch die besten kirchlichen Rechtsvorschriften provisorisch sind und von Generation zu Generation der Revision unterzogen werden müssen. Ecclesia reformata semper reformanda: Was gestern Recht war, kann heute Unrecht sein, wenn man es unkritisch wiederholt. Kirchenrecht ist «nur *menschliches*, nicht göttliches Recht».[44] Es ist «nicht nur prinzipiell, sondern auch praktisch fehlbares, verbesserungs- und revisionsbedürftiges Werk»[45], «Wagnis» und «vorläufige, bis auf weiteres gelten sollende Ordnung»[46], eine «Übergangsordnung» auf dem Weg «vom Schlechteren» zum «Besseren»[47].

> «Vollkommen, weil direkt vom Himmel gefallen ... ist keine kirchliche Rechtsform: die der neutestamentlichen Urgemeinde ... nicht und so auch nicht die des westlichen Papsttums und auch nicht die der östlichen Patriarchate, so auch nicht die calvinische Vierämter-Ordnung samt der darauf aufgebauten Synodal-Presbyterial-

41 IV/2, 802 (Hervorhebungen aufgehoben).
42 IV/2, 803.
43 IV/2, 803.
44 IV/2, 808.
45 IV/2, 811.
46 IV/2, 811.
47 IV/2, 812.

Verfassung, so auch nicht die der anglikanischen, methodistischen, neulutherischen und andern Episkopate, so auch nicht die der im Sinn des Kongregationalismus souveränen Einzelgemeinde.»[48]

Jede Kirche hat die Aufgabe, «von der von ihr erreichten Übergangsstation her aufs neue und mit neuem Ernst ihr *lebendiges* und so ihr *rechtes* Recht zu suchen und zu finden.»[49]

Nachbemerkung: Wer die Äusserungen Emil Brunners und Karl Barths zum Thema Kirchenrecht nach mehr als vierzig Jahren neu zur Kenntnis nimmt, wird feststellen müssen, dass sich Emil Brunners Sicht weitgehend durchgesetzt hat – allerdings in vergröberter Form. Kirche als Institution und ein formuliertes Kirchenrecht stehen nicht in der Gunst der Stunde. Viele stehen der Kirche als verfasster Einrichtung mit Misstrauen gegenüber. Man zieht freie Christusgemeinschaften juristisch fixierten Institutionen vor und sträubt sich gegen feste Formen. Kirche als Institution lässt man im besten Fall als «Werkzeug und Gehäuse» der wahren ekklesía gelten. Wenn überhaupt am Kirchenrecht gearbeitet wird, begnügt man sich in der Regel damit, staatskirchenrechtliche Vorgaben oder solche aus dem Vereinsrecht zu adaptieren.

Es ist allerdings zu fragen, ob der gegenwärtige Zustand wirklich dem entspricht, was Emil Brunner wollte. Ihm selbst lag in Übereinstimmung mit Karl Barth viel an einer bekennenden Kirche, weshalb er für breite Kreise sein Buch «Unser Glaube» und für ein theologisches Fachpublikum seine dreibändige Dogmatik schrieb, in der gleich die Prolegomena festhalten, dass die «christliche Lehre» den «Anspruch auf unbedingte Wahrheit und Gültigkeit» erhebt und «Gehorsam» fordert. Die Kirche sei «genötigt, die richtige Lehre von der unrichtigen, die massgebliche von der nicht massgeblichen zu unterscheiden.»[50] Bekenntnisfreiheit im heute verbreiteten Sinn (oder nach der Art der Liberalen des 19. Jahrhunderts) war nicht das Ideal Emil Brunners – und auch nicht ein Kirchenrecht, das man kaum ernst nimmt. Postmoderne Beliebigkeit kann sich nicht auf ihn berufen.

Karl Barths Ausführungen lesen sich wie eine Botschaft aus einer fremden Welt. Vielleicht lohnt es sich, darüber zu meditieren. Barths Erfahrungen im deutschen Kirchenkampf und die Schlussfolgerungen, die er daraus zog, sind ein kostbares Vermächtnis – nicht in den Einzelheiten, aber grundsätzlich. Die Formulierung von der Kirche als einer «bruderschaftlichen Christokratie» oder einer «christokratischen Bruderschaft» und Barths Warnungen an eine Kirche, die nicht «nach Ordnung und Recht»

---

48 IV/2, 814.
49 IV/2, 815.
50 Emil Brunner, Dogmatik Bd. 1: Die christliche Lehre von Gott, Zürich ³1960, 60.

fragt und in Gefahr steht, ihr Leben «dem Zufall, der Willkür [und] der Verwilderung» preiszugeben, stimmen nachdenklich. Eine Kirche, die sich christlich nennt, muss «auf die Stimme Jesu Christi» hören – auch wenn selbstverständlich nicht ein zwanghaftes Kirchenrecht geschaffen werden soll (Jesu «Joch ist sanft»[51]) und auch wenn man sich bewusst bleiben muss, dass selbst beste Bekenntnis- und Rechtsformulierungen nicht das Ziel, sondern eine Marke auf dem Weg zum Ziel sind.

---

51 Matthäus 11,30.

Kirche, Staat und Gesellschaft in der Zürcher Kirchengesetzgebung von 1963/67: Gotthard Schmid

Hans Heinrich Schmid

I. Ablauf der Gesetzgebung, historischer Kontext

Die Zürcher Kirchengesetzgebung von 1963 (Kirchengesetz) und 1967 (Kirchenordnung) hat eine längere Vorgeschichte. Schon in den Zwanziger- und Dreissigerjahren erfolgten in der Kirchensynode Vorstösse, die eine Neufassung des bisherigen Kirchengesetzes von 1902 und der Kirchenordnung von 1905 verlangten. Gotthard Schmid war einer der ersten, der in den Vierzigerjahren das Thema aufgriff und in einer Denkschrift sowie in Vorträgen und Zeitungsartikeln auf eine Revision der Kirchengesetzgebung hinarbeitete.[1]

Die theologischen Glaubenskämpfe des späten 19. Jahrhunderts lagen zurück, die Liberalen, Positiven und Religiös-Sozialen hatten sich in demokratischen Fraktionen der Synode gruppiert, und der Zweite Weltkrieg band die Menschen wie auch Staat und Kirche mehr als zuvor zusammen. Kennzeichnend ist, dass die Väter des neuen Kirchengesetzes, Max Huber, Dietrich Schindler (sen.) und Werner Kägi (1946/47) nicht nur ausgezeichnete Juristen, sondern auch christlich engagierte Staats- und Kirchenbürger waren. Es waren, wenn man das heute noch sagen darf, Personen der «Aktivdienst-Generation».

Zu ihnen gehörte, gleichzeitig als Bürger und als Christ, auch Gotthard Schmid. Ihn beschäftigte in besonderem Masse das gegenseitige Verhältnis von Kirche, Staat und Gesellschaft. So war es kein Zufall, dass es der Synodale Gotthard Schmid war, der in den Beratungen der Synode über das neue Kirchengesetz (1948–1954) federführend war: mit seinem Eröffnungsvotum, als Mitglied der Kommission, als Kommissionsreferent, als Mitglied der Redaktionskommission und 1960, inzwischen Vizepräsident

---

[1] In diesem Zusammenhang entstand auch: Gotthard Schmid, Die Evangelisch-reformierte Landeskirche. Eine Kirchenkunde für unsere Gemeindeglieder, Zürich 1954.

des Kirchenrats, als Teilnehmer an den Verhandlungen zwischen Regierungsrat (Ernst Brugger) und Kirchenrat.[2]

So lag es auch nahe, dass 1963 – nach der Annahme des Kirchengesetzes durch die Stimmbürger – Gotthard Schmid beauftragt wurde, eine
neue Kirchenordnung zu entwerfen (zusammen mit Eduard Rübel). Nach
einem Jahr lag der Entwurf vor und wurde in der Synode diskutiert. Gotthard Schmid begleitete die Kommission, erläuterte seinen Text, und trotz
mannigfacher Änderungen blieb dieser schliesslich in seinem Aufbau, seinem theologischen Grundduktus und in seinem Charakter weitgehend un-
bestritten. Wie sich dies vollzog, sei an vier Beispielen illustriert.

II. Die Zürcher Kirche soll eine Volkskirche sein und bleiben

Die Zeit des 16. bis 18. Jahrhunderts, während der in Zürich die Religions-
und Staatsangehörigkeit praktisch deckungsgleich und konfessionell reformiert war, ist vorbei. Neben die reformierte Kirche trat ein immer grösser
werdender Anteil katholischer Zürcher sowie anderer Religionsgemeinschaften, Freikirchen und Sekten. Wie sollte sich da die reformierte Kirche
positionieren? Sollte sie sich künftig einfach als eine Religionsgemeinschaft
unter vielen verstehen?

Gotthard Schmids Entwurf der Kirchenordnung wies in eine andere
Richtung. Sein Herz galt der Volkskirche.[3] Gewiss, auch für ihn war die
Volkskirche nicht einfach Realität, wohl aber eine Chance und Aufgabe
der Kirche: nach aussen, insofern die Kirche Kirche für alle sein soll, und
nach innen, insofern der volkskirchliche Charakter der Kirche hilft, Kirche
zu bleiben und sie davor bewahrt, zur Sekte zu werden. So formulierte
Gotthard Schmid in Art. 4 seines Entwurfs der neuen Kirchenordnung:

> Als Volkskirche will die Landeskirche dem ganzen Volk dienen. Die Landeskirche
> und ihre Kirchgemeinden wissen sich auch für die der Kirche Entfremdeten verant-
> wortlich.

Doch diesem konsequent liberalen Konzept mochten die «Positiven» so
direkt nicht folgen. Zwar standen auch sie für den volkskirchlichen Charakter der Zürcher Kirche ein, rückten aber das missionarische Element in
den Vordergrund: Mit der Volkskirche habe die Kirche die Chance, der

---

2 Die Einzelheiten der Mitwirkung Gotthard Schmids an der damaligen Kirchengesetzgebung (Kirchengesetz und Kirchenordnung) finden sich in: Hans Heinrich
   Schmid, Umbau der Kirche. Die Revision der Zürcher Kirchengesetzgebung 1943–
   1967 aus der Sicht eines ihrer Väter: Gotthard Schmid, Dr. theol. h.c. (1909–1968),
   Zürich 1988.

3 Vgl. Umbau der Kirche, 85–95.

Evangeliumsverkündigung einen möglichst breiten Raum zu gewähren. So lautete ihr Gegenvorschlag:

> Aus missionarischen Gründen bejaht die Landeskirche ihren volkskirchlichen Aufbau. Sie weiss sich auch für die der Kirche Entfremdeten verantwortlich.

Dass heisst: Während für die Liberalen die Volkskirche zum Wesen der Kirche gehörte, diente den Positiven die Volkskirche mehr als Mittel zum Zweck.

Gut schweizerisch fand man – als Gotthard Schmid aus gesundheitlichen Gründen schon nicht mehr mitwirken konnte – den Kompromiss:

> Entsprechend ihrem Auftrage versteht sich die Landeskirche als Volkskirche. In der Offenheit gegenüber dem ganzen Volke leistet sie ihren Dienst als Gesamtkirche, durch ihre Kirchgemeinden und ihre einzelnen Glieder. Er geschieht durch die Verkündigung des Wortes Gottes in Predigt, Taufe, Abendmahl, Unterweisung, Seelsorge und Werken der Liebe (Art. 5 KO 1967, Marginalie «Volkskirche, Auftrag»).

III. Die Zürcher Kirche soll eine Landeskirche sein und bleiben

Nicht nur dem «Volk» soll die Kirche dienen, sondern auch dem «Land», d.h. dem Kanton. So sprach schon die Kantonsverfassung von 1831 von der «vom Staate anerkannten Landesreligion», was dann im Laufe der Zeit zur staatlich anerkannten «Landeskirche» führte. Diesen Wandel, die der Kirche eine neue Autonomie brachte, hat Gotthard Schmid ausdrücklich begrüsst und unterstützt.

Doch dies allein reichte für Gotthard Schmid nicht aus. Auch eine selbstständiger werdende Kirche darf den Staat nicht aus seiner Verantwortung gegenüber der Kirche entlassen.[4] Prägnant formulierte er in seiner Kirchenordnung den noch heute geltenden Satz:

> Als Landeskirche steht sie (die Zürcher Kirche) durch Geschichte und Verfassung in einem besonderen Verhältnis zum Staate Zürich (Art. 6, Abs. 1 KO 1967).

Was damit gemeint war, formulierte Gotthard Schmid zusammen mit Max Huber, dem Erstverfasser des Kirchengesetzes, und mit Regierungsrat Brugger in Art. 3 seines Kirchenordnungsentwurfs:

> Die evangelisch-reformierte Landeskirche des Kantons Zürich besteht auf Grund des Evangeliums von Jesus Christus und der von Huldrych Zwingli begonnenen und gemäss den Beschlüssen des zürcherischen Rates durchgeführten Reformation.[5]

---

4 Vgl. Umbau der Kirche, 65–73.

5 Die Schlussfassung verstärkte den Bezug auf Zwingli und den Grossen Rat noch zusätzlich: Die Landeskirche *führt* die von Huldrych Zwingli begonnene und gemäss

Ausgedeutscht heisst das: «Wenn in Zürich die Obrigkeit die Mitver-
antwortung um das Evangelium übernahm, so geschah dies bewusst. Für
Zwingli sollten Staatsvolk und Christenvolk nicht auseinander fallen».[6] Die
Einheit von Bürger und Christ war für Gotthard Schmid und seine
Mitstreiter ein hohes Gut.

Vor einer Beziehung zwischen Kirche und Staat hatte Gotthard Schmid
keine Angst – so lange sich der Staat seiner christlichen Verantwortung,
und die Kirche ihres Auftrags an der staatlichen Gemeinschaft bewusst
sind. Doch auch für ihn galt das Ja des Christen zum Staat nicht unbedingt: Es hat da seine Grenzen, wo der Staat seine eigenen Grenzen über-
schreitet. Darum gehört mit zur Funktion der Kirche in unserer Gesellschaft, dass sie den Staat immer wieder an dessen Grenzen erinnert.

IV. Die Zürcher Kirche kennt keinen Glaubenszwang

Die Zürcher Kirche gilt, zusammen mit nur einigen anderen Schweizer
Kantonalkirchen, als weltweit einzige Kirche, die auf ein verpflichtendes
Bekenntnis verzichtet. Den Anstoss für die Bekenntnisfreiheit hatte in den
Jahren 1864/65 Friedrich Salomon Vögelin, Pfarrer in Uster, gegeben, als
er eine Reihe von Predigten rationalistisch-liberaler Prägung veröffentlicht
hatte, die im Widerspruch zum Apostolikum standen. Es kam zu einem
Glaubenskrieg, den die sich in Zürich eben formierenden liberalen Theo-
logen gewannen.

Als liberaler Bürger, Christ und Theologe, für den die Freiheit (auch innerhalb der Kirche) als eines der höchsten Güter gilt, war Gotthard
Schmid auf den Fall des Bekenntniszwangs fast etwas stolz.[7] Zwar achtete
er die aus dem Mittelalter und der Reformationszeit überlieferten Bekenntnisse und Bekenntnisschriften, unterstrich aber, dass alle diese
Schriften aus bestimmten historischen Situationen stammten und damit
nicht unmittelbar überzeitliche Geltung beanspruchen können. Wird dies
nicht beachtet, werden aus Glaubenszeugnissen Glaubensvorschriften.

Hinzu kam, dass durch die Selbstbewusstwerdung des Volkes und des
Individuums im Zeitalter der Aufklärung ein erheblicher Meinungsplura-
lismus entstanden war. So hatte schon um 1820 Friedrich Schleiermacher
festgestellt: «Eine Bekenntnisschrift kann die Volkskirche nicht haben,
weil sie die Mannigfaltigkeit der religiösen Überzeugungen auf dem Boden
des Volkes zusammenschliesst». Ähnlich dachten in Zürich Alexander

---

den Beschlüssen des zürcherischen Rates verwirklichte Reformation *weiter*» (Art. 3
KO 1967).

6 Gotthard Schmid im «Landboten» vom 11.9.1951; vgl. Umbau der Kirche, 23 und 72.

7 Vgl. Umbau der Kirche, 107–121.

Schweizer und Alois E. Biedermann, und selbst Emil Brunner und Werner Kägi, die theologisch eher anders orientiert waren, kamen zum Schluss, dass die Volkskirche von der Verpflichtung auf ein fest formuliertes Bekenntnis absehen muss.

Für Gotthard Schmid war allerdings klar, dass mit dem Verzicht auf ein ausformuliertes Bekenntnis das Bekenntnis keineswegs aus Abschied und Traktandum fallen dürfe. An die Stelle des Wort-Bekenntnisses soll das tätige Bekennen treten. So lautete sein erster Entwurf für einen entsprechenden Passus in der Kirchenordnung:

> In Gemeinschaft mit der christlichen Kirche aller Zeiten bekennt die Landeskirche ihren Glauben durch die Verkündigung des Wortes Gottes in Predigt, Taufe und Abendmahl, Unterweisung, Seelsorge und Werken der Liebe. Sie verpflichtet ihre Mitglieder allein auf das Evangelium von Jesus Christus.

Der Text ist raffiniert formuliert: Er übernimmt die Wendung «In Gemeinschaft mit der christlichen Kirche aller Zeiten», die in aller Regel bekenntnisartige liturgische Stücke einleitet, und überträgt sie nun ausgerechnet auf jenen Begriff von Bekenntnis, der auf die Verpflichtung auf ein fest formuliertes Bekenntnis verzichtet.

Dass dieser extrem liberale Text noch überarbeitet wurde, war zu erwarten. Doch selbst in seiner (etwas holprigen) Schlussfassung ist das Konzept Gotthard Schmids noch deutlich zu erkennen:

> Die Landeskirche ist mit ihren Gliedern allein auf das Evangelium von Jesus Christus verpflichtet. Er ist einziger Ursprung und Herr ihres Glaubens, Lehrens und Lebens. Die Landeskirche bekennt dieses Evangelium in Gemeinschaft mit der gesamten christlichen Kirche aller Zeiten (Art. 4, Abs. 1 KO 1967, Marginalie «Bekenntnis»).

V. Die Kirche als Ort der Verkündigung des Evangeliums steht allen offen

Wer gehört zur Kirche? Das Kirchengesetz von 1902 hatte diese Frage kurz und knapp beantwortet, in einem volkskirchlich offenen, vom Liberalismus geprägten Sinne:

> Als Mitglied der Landeskirche wird jeder evangelische Einwohner des Kantons betrachtet, der nicht ausdrücklich seinen Austritt genommen oder seine Nichtzugehörigkeit erklärt hat (§ 7 KG 1902).

In der Erarbeitung des neuen Kirchengesetzes empfanden viele diesen Gesetzestext als zu offen und zu unverbindlich. Vor allem ging es um die Frage, ob die Taufe als Bedingung der Mitgliedschaft in der Kirche anzusehen sei.[8] Debatten darüber hatte es schon gegeben, als die Kirchenordnung von 1905 entstand. Diese hatte in § 3 Abs. 2 formuliert:

---

8 Vgl. Umbau der Kirche, 95–106.

Das religiöse Zeichen der Aufnahme in die christliche Kirche ist die heilige Taufe.

Ob die Taufe für die Mitgliedschaft obligatorisch sei, blieb offen, doch der
Regierungsrat liess verlauten, dass er diesen Satz nur dann genehmige,
wenn die Taufe fakultativ sei. Für diesen Vorbehalt berief sich der Regierungsrat auf die Zürcher Kantonsverfassung (von 1869), die im Zusammenhang der Glaubens- und Kultusfreiheit statuierte:

Jeder Zwang gegen Gemeinden, Genossenschaften und Einzelne ist
ausgeschlossen (Art. 63 Abs. 2 KO 1869).[9]

So ging der Regierungsrat davon aus, dass die Glaubens- und Gewissensfreiheit auch innerhalb der Kirche zu gelten habe und dass damit ein
Obligatorium der Taufe die Verfassung verletze.

Im Wissen um diese Vorgänge formulierte man nun, im Anklang an den
Text von 1905:

Als Zeichen der Zugehörigkeit kennt die Kirche die Taufe.

Dagegen erhob sich allerdings Widerspruch. Die Taufe sei so zentral, dass
sie zum Obligatorium der Mitgliedschaft in der Kirche zu erklären sei.
Dem widersetzte sich Gotthard Schmid mit der Begründung, dass mit der
Taufe nicht in die Landeskirche aufgenommen werde, ja nicht einmal in
eine christliche Konfession, sondern in die Gemeinschaft der Christenheit
überhaupt. Gleichzeitig wies er darauf hin, dass die Taufe als ein religiöses
Zeichen überhaupt kein Thema für das staatliche Kirchengesetz sei. Darum gehöre, was die Kirche über die Taufe zu sagen habe, in die Kirchenordnung. Dem folgte der Regierungsrat; er strich im Kirchengesetz
jeden expliziten Verweis auf die Taufe und verwies die Regelung der Frage
nach innerkirchlichen Mitgliederfordernissen in die Kirchenordnung.

Damit stand nun Gotthard Schmid mit dem Auftrag, eine Kirchenordnung auszuarbeiten, auch vor der Aufgabe, die innerkirchlichen Mitglieds-
erfordernisse und insbesondere die Frage der Taufe zu regeln. Die alten
Diskussionen brachen erneut auf. Schliesslich fand man sich bei der Formulierung:

Die Taufe gilt als Zeichen der Zugehörigkeit zur Gemeinde Jesu Christi (Art. 8 KO
1967).

So blieb die Taufe auch hier «nur» Zeichen der Mitgliedschaft und nicht
deren zwingende Voraussetzung.

Erst nachdem Gotthard Schmid an den Verhandlungen nicht mehr teil-
nehmen konnte, wurde realisiert, was dies bedeutete: Die Taufe war letztlich kein unabdingbares Erfordernis, und eine andere Anforderung, die zu

---

9 Diese Bestimmung wurde mit der Inkraftsetzung des Kirchengesetzes von 1963
   ersetzt durch den Satz «Die Glaubens- und Gewissensfreiheit ist nach Massgabe des
   Bundesrechtes gewährleistet.»

erfüllen war, wurde nicht genannt. Man erfand flugs eine neue Formulierung:

> Die kirchlichen Erfordernisse als Glied der Landeskirche erfüllt ohne weiteres, wer als Kind eines Gliedes einer auf dem Boden reformatorischen Glaubens- und Schriftverständnisses stehenden Kirche in diesem Glauben auferzogen wird oder wer sonst den in dieser Kirchenordnung vorgesehenen Unterricht besucht hat und konfirmiert worden ist (Art. 9 KO 1967).

Obwohl hier zwar von «kirchlichen Erfordernissen» die Rede ist, ist doch leicht ersichtlich, dass die Kirchenordnung mit diesem Artikel nur oberflächlich kaschiert, dass sie letztlich auf die Formulierung spezieller kirchlicher Erfordernisse verzichtet. Im Grunde entsprach dies Gotthard Schmids Verständnis der Volkskirche zutiefst. Für ihn waren letztlich nicht einmal Unterricht und Konfirmation Zugehörigkeitsbedingungen, im Gegenteil: Unterricht und Konfirmation waren für ihn umgekehrt Dienste der Kirche an ihren heranwachsenden Mitgliedern.

Wie das Evangelium allen gilt, so steht die Kirche als Ort der Verkündigung des Evangeliums auch allen offen. Ein in der Tat liberales und theologisch sehr wohl vertretbares Konzept.

Jürgen Moltmann, Kirche in der Kraft des Geistes

Ein Beitrag zur messianischen Ekklesiologie (1975)
Zehn Thesen und Sätze samt Vorbemerkung und Fazit

Jan Bauke

Vorbemerkung: Die folgenden zehn Headlines mit beigefügtem Kommentar sind – am Titel des vorliegenden denkMal-Bandes orientiert – zweigeteilt. Ihr erster Teil («Die Kirche …») erinnert an grundlegende ekklesiologische Pointen in Jürgen Moltmanns Buch «Kirche in der Kraft des Geistes. Ein Beitrag zur messianischen Ekklesiologie» (1975), ihr zweiter Teil («Die Ordnung der Kirche …») nimmt insbesondere auf Kapitel VI. «Die Kirche in der Kraft des Heiligen Geistes» (316–362) im genannten Buch Bezug (Seitenzahlen, wenn angegeben, jeweils in Klammern). Die einzelnen Headlines mit Kommentar sind folgendermassen aufgebaut: Das *Schlagwort*, das in vielen Fällen bewusst Doppeldeutigkeiten in Kauf nimmt, nennt eine «Eigenschaft» der Kirche, die sich jeweils auf die Titel von Teil I («Die Kirche [ist] …») und Teil II («Die Ordnung der Kirche [ist] …») zurückbezieht. Der anschliessende *Satz* formuliert eine entsprechende aus Moltmanns Buch extrahierte ekklesiologische These. Diese These wird anschliessend im *Text* aus der Perspektive der heutigen kirchlichen Situation im Kanton Zürich und im Blick auf mögliche ekklesiologische Konsequenzen aus den plakatierten «Eigenschaften» der Kirche entfaltet, ohne dabei den Anspruch zu erheben, die Ausführungen Moltmanns zu plausibilisieren oder zu falsifizieren. Um die Zehnzahl der Thesen besser zu verdeutlichen, sind die einzelnen Schlagworte und Sätze durchnummeriert.

I. Die Kirche (ist) …

These 1: … fundamental eschatologisch. Kirche ist keine Gründung oder Stiftung Jesu Christi, sondern die unaufhörliche Wiederholung des Ur-sprungs Gottes ins Zeitliche.

Wie und wo sich Kirche ereignet, kann (theologisch) nur in Zusammenhang mit der Darstellung, wer Jesus Christus ist, entfaltet werden. *Ohne Christologie keine Ekklesiologie*. Das Verhältnis zwischen Christus und Kirche lässt sich dabei aber nicht einfach mittels einer architektonischen oder juridischen Metaphorik und ihrer Logik beschreiben und rein quantitativ, d. h. bloss geschichtlich bestimmen: Jesus Christus ist *weder* der *Gründer der Kirche*, der den Grundstein der Kirche gelegt hat, ohne verbindliche Bestimmungen zu hinterlassen, wie auf dem Grundstein weiterzubauen sei (87), *noch* der *Stifter der Kirche*, der testamentarisch festgelegt hat, wie die Kirche bis in alle Zeit nach seinem Willen zu existieren hat (87). Einlinige Berufungen auf das Leben und Handeln Jesu Christi oder den vermeintlichen Willen Christi sind daher ekklesiologisch wenig tragfähig.

Das Verhältnis zwischen Christus und Kirche ist vielmehr qualitativ und eschatologisch zu bestimmen. Denn christlicher Glaube bekennt, dass in Jesus Christus und seinem Leben, Sterben und Auferwecktwerden das Zusammentreffen von (göttlicher) Ewigkeit und (irdischer) Zeitlichkeit gleichsam Person geworden ist, und dass überall da, wo sich dieser Ur-Sprung des Ewigen ins Zeitliche wiederholt, Kirche ist. In diesem Sinne lässt sich Jesus Christus als der (gegenwärtige) *Ur-Sprung der Kirche* bezeichnen. Kirche ist demnach keine statische oder statuarische Angelegenheit, sondern ein dynamischer Prozess, der fundamental von den überraschenden Sprüngen der Ewigkeit Gottes ins Zeitliche geprägt wird.

These 2: … dynamisch göttlich. Kirche ist kein theologischer Kraftakt, sondern perpetuum mobile des göttlichen Geistes.

In der Hektik kirchlicher Betriebsamkeit gerät das Bewusstsein, dass Kirche in ihrem Eingebundensein in die sich permanent ändernden Verhältnisse der Welt und ihre Sachzwänge immer noch an der messianischen Sendung Christi und der schöpferischen Sendung des Geistes partizipiert, zumindest in den europäischen Grosskirchen häufig in Vergessenheit. Kirche, so der Tenor der in ihr Engagierten, das sind wir und das, was wir aus ihr, der Kirche, machen. Das ist ohne Zweifel richtig und doch zugleich auch falsch. Denn Kirche ist mehr als die Summe ehrlichen und eifrigen Engagements ihrer Mitarbeiter und Mitglieder. Kirche ist – traditionell theologisch gesprochen – vom Geist Gottes bewegt. Ob, wie, wo und in welcher Form der Geist Gottes in der Kirche gegenwärtig ist, ist die systematisch-theologische Gretchenfrage jeder Ekklesiologie.

These 3: … unglaublich aktuell. Wo Kirche geschieht, macht Gott neue Erfahrungen.

Jede christologisch fundierte Ekklesiologie hat Kirche ganz in die trinitarische Geschichte Gottes einzuzeichnen. Kirche ist und gehört zur Geschichte Gottes und ereignet sich, wo der Heilige Geist Menschen bewegt. Die Rede von der trinitarischen Geschichte Gottes weist dabei darauf hin, dass die Trinität nicht als eine statische Einheit Gottes verstanden werden darf, die symbolisch durch einen geschlossenen Kreis dargestellt werden kann (72), sondern die dynamische Vereinigung Gottes durch den Prozess der (Welt)Geschichte hindurch bezeichnet (77). Die Geschichte Jesu Christi (innertrinitarisch gesprochen: des Sohnes) und die des Geistes in der Kirche ermöglichen Gott «neue» Erfahrungen in und mit der Welt (79). Auch wenn's viele kaum noch glauben: auch die gegenwärtige (Zürcher) Kirche ist Schauplatz von Gottes Geschichte.

These 4: … avantgardistisch fragmentarisch. Als Gottes grosses Aufrufe-
zeichenfür das Reich Gottes ist die Kirche unauflösbar vor-läufig.

Kirche ist nie Selbstzweck. Sie existiert nicht für sich selbst, sondern subsistiert als Antizipation und Hinweis auf die messianische Zukunft der Welt, auf das Reich Gottes. «In vorläufiger Endgültigkeit und in endgültiger Vorläufigkeit bezeugen Kirche, Christentum und Christenheit das Reich Gottes als Ziel der Geschichte mitten in der Geschichte» (221). Wohlgemerkt: Die Kirche ist noch nicht das Reich Gottes – es geht in ihr mitunter, oder vielleicht muss man ehrlicherweise sogar sagen: meist, sehr menschlich und irdisch zu –, aber sie weist auf das Reich Gottes hin. Sie ist in diesem Sinne Gottes grosses Ausrufezeichen in der Welt.

Der Hinweis auf die verblüffende Vor-läufigkeit der Kirche ist für die in der Kirche Engagierten so entlastend wie motivierend. Entlastend, weil die Existenz der Kirche nicht ausschliesslich von ihren unentwegten und oft verkrampften oder übereifrigen ekklesiologischen Sorgen abhängt – die in der Kirche Engagierten dürfen über ihre ekklesiologischen Sorgen ab und an getrost herzhaft lachen –, motivierend, weil sie als Avantgarde Gottes auch einmal ungeschützt – das zeichnet die Avantgarde ja aus – neue Formen und Wege von Kirche gleichsam ins Blaue hinein ausprobieren dürfen.

These 5: … ungemein gesprächig. Kirche im 21. Jahrhundert ist nur im
interreligiösen Dialog möglich.

Weil die Kirche unauflösbar vor-läufig ist, kann sie im Zeitalter der Globalisierung und interkulturellen Vermischung nur eine dialogische und kommunikative Kirche sein, die die Wahrheit nicht gepachtet hat und andere Religionsgemeinschaften davon zu überzeugen sucht, sondern ebenso auch An- und Einsichten anderer wahr- und entgegennimmt (181). Die Dialogebene zwischen der Kirche und anderen Religionen und Kulturen kann dabei nicht von vornherein festgelegt werden, sondern muss im jeweiligen Dialog gleichsam experimentell und tastend je neu gefunden werden (182). Wo dieses Gespräch, ein Einheimischwerden in anderen Kulturen (184) und Weltreligionen, und die Rezeption des Potentials anderer Kulturen und Weltreligionen gelingt, wird Kirche vielgestaltig und -gesichtig. Diese Dialogizität ist der Kirche aber nicht nur durch die gegenwärtige Situation aufgegeben, sondern schon von ihrer Herkunft aus der jüdischen Tradition her. Zum Begriff der Kirche gehört wesentlich, dass sie Heidenkirche ist (163), gegenüber Israel also niemals primär, sondern unaufholbar sekundär ist. Im Blick auf ihre religionsgeschichtliche Herkunft ist die Kirche folglich nicht von vornherein Gottes Avantgarde, sondern viel eher seine Nachhut.

These 6: … unersättlich eucharistisch. Eine Kirche ohne Herrenmahl
              verhungert …

Neben den interreligiösen Dialogen wird sich die Kirche immer auch auf ihre eigene Frömmigkeit und Religiosität zu besinnen haben, allem voran auf die Feier des Herrenmahls. Eine Kirche ohne Mahlgemeinschaft und die Feier des Herrenmahls verliert nicht nur ihren messianischen Geist und ihren eschatologischen Sinn (275). Ohne das Herrenmahl wird Kirche zur rein geistigen Grösse ohne irgendeine leibhaftige Wirklichkeit. Zusammen mit der Taufe ist das Herrenmahl daher Lebenszeichen (269) und Wegzehrung der Kirche in einem. Die Kirche erinnert sich in ihm an ihren Ur-Sprung, die Gemeinschaft mit Jesus, und nimmt in und mit ihm das in den prophetischen Texten verheissene Heilsmahl der Endzeit vorweg. Als Antizipation des messianischen Freudenmahls auf dem Zion kann das Herrenmahl dann aber kaum ein ernsthaftes Mysterium einiger weniger Trauerklösse sein. Ein Herrenmahl ohne Freude verknöchert …

II. Die Ordnung der Kirche (ist) …

These 7: … theologisch zentral. Eine Kirche ohne Ordnung ist
              keine Kirche.

Was Menschen, die in irgendeiner Weise mit Kirche zu tun haben, zu allererst von ihr wahrnehmen, ist ihre Struktur, Organisation und Ordnung. Vor jedem Wort der Verkündigung oder jeder theologischen Reflexion hat die faktische Existenz und Sichtbarkeit der Kirche bereits gesprochen (317). Es ist daher unabdinglich, beim Nachdenken über die Wesenszüge, Merkmale und Eigenheiten der Kirche die Frage der Ordnung und Verfasstheit der Kirche mit zu berücksichtigen und mit zu thematisieren. Fragen der Ordnung der Kirche sind keine theologischen Nebensächlich- oder Belanglosigkeiten (adiaphora), sondern wie die inhaltlichen Fragen nach der Verkündigung und ihren Kriterien theologisch zentral und nicht einfach nur pragmatisch-funktional zu beschreiben und abzuhandeln. Mit anderen Worten: formale und ästhetische Erwägungen über die Gestalt und Organisation der Kirche haben in ihr nicht nur aus bloss marktwirtschaftlichen oder rein organisationsstrategischen Überlegungen heraus ihre Berechtigung, sondern ebenso, ja sogar primär aus theologischen. Denn so geistlos jede Kirchenordnung ohne den Geist Gottes ist, wird und bleibt, so strukturlos, chaotisch und damit letztlich lebensuntauglich ist, wird und bleibt der Geist Gottes ohne jegliche Ordnung. Theologisches Kriterium für die Ordnung der Kirche ist dabei unter anderem die geschichtliche Darstellung der eschatologischen Friedensordnung Gottes, der nicht ein Gott der Unordnung, sondern des Friedens (1. Kor 14,33) ist (318). «Die Ordnung der Kirche Christi muß ... eine *Freiheitsordnung* sein und schon hier die Erlösung des Menschen von Sünde, Gesetz und Tod darstellen» (319). Jede Ordnung der Kirche muss sich folglich an der Ordnung der Herrschaft Christi und des Reiches Gottes orientieren. Unterlässt sie es auf lieblose oder liederliche Weise, verrät sie die Sache, die sie als Kirche zu vertreten hat (317).

These 8: ... antihierarchisch akzentuiert. Das Amt liegt bei der Gemeinde.

Die Bestimmung der verschiedenen Berufe in der Gemeinde ist nur möglich, wenn von der Berufung der ganzen Gemeinde ausgegangen wird (327). Jeder Glaubende ist durch Christus und kraft des Heiligen Geistes zum Reich Gottes berufen. Es ist also Christus, der die Gemeinde beauftragt, nicht die Gemeinde sich selbst. Kirche verdankt sich nie menschlicher Eigeninitiative. In diesem «Dienst für das Reich Gottes» sind innerhalb der Gemeinde alle Mitglieder der Gemeinde gleichberechtigt.

> «Die Gabe des Heiligen Geistes ist der eine und gemeinsame Grund für die Erfahrung seiner vielfältigen Kräfte. Das kann man das ‹allgemeine› oder universale ‹Priestertum aller Glaubenden› nennen. Dieser Ausdruck ist berechtigt, wenn man auf das eine und alle betreffende Priestertum Christi blickt, er hat aber nur begrenzten Wert, wenn man damit allein die polemische Spitze der reformatorischen Theologie gegen das besondere Priestertum meint» (329).

Das Amt der Kirche lässt sich somit weder monarchisch-episkopalisch (Bischöfe), aristokratisch (Amtsbrüder) noch demokratisch begründen, sondern einzig trinitarisch: «Der Geist führt in die Gemeinschaft des messianischen Volkes und gibt zugleich jedem seinen eigenen Ort und seinen besonderen Auftrag» (332).

These 9: ... presbyterial-synodal konstituiert. Keine Gemeinde ohne besondere Aufträge und keine besonderen Aufträge ohne Gemeinde.

«Gemeinde und besondere Aufträge entstehen *zugleich, miteinander* und bleiben darum *aufeinander* angewiesen» (331). Vier Aufträge sind dabei für die Gemeinde wesentlich: die Verkündigung des Evangeliums (kerygma), die Feier von Taufe und Abendmahl (koinonia), die Leitung der Gemeinde

(kybernesis) und die Diakonie (diakonia) (334). Die genannten Aufträge
und Aufgaben variieren in ihrer konkreten Gestalt. Sie können hauptbe-
ruflich und nebenberuflich, von Frauen und Männern, von Verheirateten
oder Ledigen, von theologisch Ausgebildeten oder theologisch nicht Ausgebildeten, von Gruppen oder Einzelnen ausgeführt werden (335). Eines
aber ist für alle Ämter und Aufträge unabdinglich und darum lebenswich-
tig: Ohne ihren Bezug auf die Basis der Gemeinde verlieren sie ihre Kraft
und Berechtigung (336). Daher gilt: Kein Presbyterium ohne Synode und
keine Synode ohne Presbyterium (336).

These 10: … liturgisch fundiert. Ohne eine Reform ihrer Gottesdienst-
        formen wird jede Reform der Kirche und ihrer Ordnung zur Ali-
        biübung.

> «Die *Kirchenreform von oben*, die bei den Ämtern der Kirche einsetzt, kann, wenn sie
> diese Ämter auf das eine, gemeinsame Amt der Gemeinde bezieht, der versammel-
> ten Gemeinde dienen. Sie wird ihre Prioritäten in den Aufbau der lebendigen Ge-
> meindekirche setzen, nicht in den Ausbau überregionaler Ämter» (362).

Kirchenreformen und Neuaufbau der Kirche werden daher erfolgverspre-
chend vor allem dort einsetzen, wo Menschen in überschaubaren Gemeinden das Evangelium hören, besprechen und bekennen (361). Das
aber heisst: «Gottesdienstreform und Gemeindereform gehören … zusammen» (301f). Die Gestalt des Gottesdienstes hängt ganz von der Gestalt der Kirche ab, die ihn feiert. Eine (pastorale) Betreuungskirche wird
ihre Gottesdienste eher als (ritualisierte) Feiern organisieren, eine (messianische) Beteiligungskirche eher als (spontane) Feste durchführen.

Fazit: Nimmt man die skizzierte geistgewirkte Mobilität, Dialogizität und
Aktivität der Kirche ernst, dann kann man eigentlich nur sehr schwer (und
schon gar nicht abschliessend) definitorisch konstatieren, was Kirche ist,
wohl aber beschreiben, wo sich Kirche ereignet (81). Die Ekklesiologie als
«Lehre von der Kirche» kann somit nicht terminologisch-definitorisch
(«Kirche ist xy…») vorgehen, sondern nur deskriptiv-narrativ («Kirche ist,
geschieht oder ereignet sich, wo …»). Ekklesiologische Sätze und Aussagen gleichen in ihrem Bewegtsein durch die Geschichte Gottes und seines
Geistes – so ein Bild Karl Barths – dem Flug eines Vogels (69) und haben
daher keinen fixen Standort. Wenn Ekklesiologie, dann also nur als theologische Bewegung, die an der Bewegung Gottes partizipiert und auf diese
reagiert. Jede fixierte Ekklesiologie – auch die hier vorgelegten Erinnerungen an Jürgen Moltmanns ekklesiologische Überlegungen – ist im Moment
ihres Fixiertseins bereits überholt. Die permanente ekklesiologische Selbst-
reflexion der Kirche ist daher nicht Ausdruck einer zutiefst narzisstischen

theologischen Nabelschau, sondern «Wesenszug» der mobilen Kirche, ekklesiologische Bequemlichkeit umgekehrt ein ernstzunehmendes Anzeichen für eine der Kirche langfristig schadende geistige und geistliche Immobilität. Auch für die Ekklesiologie gilt somit, was nach reformierter Tradition für die Kirche generell gilt: «ecclesia reformata semper reformanda» – «doctrina ecclesiae reformatae semper reformanda».

Autorinnen und Autoren

Dr. *Jan Bauke* ist Privatdozent für Systematische Theologie an der Theologischen Fakultät der Universität Zürich und Fachmitarbeiter für Hochschulfragen der Evangelisch-reformierten Landeskirche des Kantons Zürich (wsg).

Dr. *Roland J. Campiche* war Professor und Leiter des Instituts für Sozialethik (ISE) an der Theologischen Fakultät der Universität Lausanne und ist Direktor des «Observatoire des religions en Suisse».

Dr. *Ingolf U. Dalferth* ist Professor für Systematische Theologie an der Theologischen Fakultät der Universität Zürich.

Dr. *Cla Reto Famos* ist Pfarrer und Oberassistent für Praktische Theologie an der Theologischen Fakultät Zürich.

Irene Gysel ist Kirchenrätin der Evangelisch-reformierten Landeskirche des Kantons Zürich.

Dr. *Frank Jehle* ist Studentenpfarrer an der Hochschule St. Gallen.

Dr. *Ralph Kunz* ist Assistenzprofessor für Praktische Theologie an der Theologischen Fakultät der Universität Zürich.

Dr. *Matthias Krieg* ist Pfarrer und Leiter der Abteilung Bildung und Gesellschaft, eines Gesamtkirchlichen Dienstes der Evangelisch-reformierten Landeskirche des Kantons Zürich.

Daniel Lienhard ist Grafiker und Kirchenpflegspräsident der Predigerkirche Zürich.

Dr. *Friederike Osthof* ist Hochschulpfarrerin und Fachmitarbeiterin der Abteilung Bildung und Gesellschaft, eines Gesamtkirchlichen Dienstes der Evangelisch-reformierten Landeskirche des Kantons Zürich.

Ruedi Reich ist Pfarrer und Kirchenratspräsident der Evangelisch-reformierten Landeskirche des Kantons Zürich.

Dr. *Hans Heinrich Schmid* war Professor für Altes Testament an der Theologischen Fakultät der Universität Zürich und Rektor der Universität Zürich.

Dr. *Konrad Schmid* ist Professor für Altes Testament an der Theologischen Fakultät der Universität Zürich.

Simone Strohm ist Fachmitarbeiterin des Kirchlichen Informationsdienstes, eines Gesamtkirchlichen Dienstes der Evangelisch-reformierten Landeskirche des Kantons Zürich.

Benjamin Stückelberger ist Pfarrer in Meilen und arbeitet an einer Dissertation über den Kirchenbegriff Emil Brunners.

Dr. *Matthias Zeindler* ist Pfarrer in Erlach und Privatdozent für Systematische Theologie an der Theologischen Fakultät der Universität Bern.

Theologische Bücher im PANO Verlag

denkMal 1 (vergriffen)
Matthias Krieg, Hans Jürgen Luibl (Hrsg.)
Was macht eine Kirchgemeinde aus?
Territorialgemeinde – Funktionalgemeinde – Gesinnungsgemeinde
1998. ISBN 3-907576-06-3, 118 S.

denkMal 2
Matthias Krieg, Hans Jürgen Luibl (Hrsg.)
In Freiheit Gesicht zeigen
Zur Wiederaufnahme liturgischen Bekennens im reformierten
Gottesdienst
1999. ISBN 3-907576-20-9, 115 S.

denkMal 3
Hans Jürgen Luibl, Sabine Scheuter (Hrsg.)
Opfer
Verschenktes Leben
2001. ISBN 3-907576-36-5, 154 S.

J. Jürgen Seidel
Diener zweier Herren?
Theologen als „Inoffizielle Mitarbeiter" (IM) des Ministeriums für
Staatssicherheit (MfS) der DDR in Zürich
2002. ISBN 3-907576-51-9, 82 S.

Ralph Kunz
Gottesdienst evangelisch reformiert
Liturgiek und Liturgie in der Kirche Zwinglis
2001. ISBN 3-907576-34-9, 499 S.

Pierre Bühler
Ablass oder Rechtfertigung durch Glauben
Was brauchen wir zum Jubiläumsjahr 2000?
2000. ISBN 3-907576-30-6, 91 S.